卓越师范生专业技能培养
研究与实践

向 华 韩 权 著

基金项目：陕西高等教育教学改革研究重点攻关项目"专业认证视角下卓越师范生1+2+3人才培养体系的构建与实施"（项目编号：19BG030）

科 学 出 版 社

北 京

内 容 简 介

培养卓越师范生既是为了满足基础教育领域对优质教师的需求，同时也是国家在教师教育领域深层次改革的重要举措。本书从专业视角阐释卓越师范生专业技能的内涵和构成，针对目前卓越师范生专业技能培养存在的困境，提出做好师范类专业认证与师范人才培养体系的衔接，具体从立德树人是卓越师范生培养的立身之本，教师专业标准对卓越师范生厚基础、高素质的培养要求，强化卓越师范生职业技能培养与考核，卓越师范生数字素养的培养，卓越师范生培养机制探析等方面进行阐述，提出卓越师范生成长的影响因素及培养优化路径。

本书适合师范院校师生、教育部门相关人员、教研人员等阅读，也可作为中小学教师继续教育的参考用书。

图书在版编目（CIP）数据

卓越师范生专业技能培养研究与实践 / 向华，韩权著. -- 北京：科学出版社，2025.6. -- ISBN 978-7-03-080291-0

Ⅰ．G655.1

中国国家版本馆 CIP 数据核字第 2024EZ2342 号

责任编辑：冯 涛 周春梅 / 责任校对：马英菊
责任印制：吕春珉 / 封面设计：东方人华平面设计部

科 学 出 版 社 出版

北京东黄城根北街 16 号
邮政编码：100717
http://www.sciencep.com

三河市中晟雅豪印务有限公司印刷
科学出版社发行　　各地新华书店经销

*

2025 年 6 月第 一 版　　开本：B5（720×1000）
2025 年 6 月第一次印刷　　印张：10 3/4
字数：216 000

定价：128.00 元

（如有印装质量问题，我社负责调换）

销售部电话 010-62136230　编辑部电话 010-62138978-2040

前　　言

在新时代教育强国战略指引下，我国师范教育正经历着深刻的范式变革。师范类专业认证和卓越教师培养计划 2.0 的深入推进，既为教师教育创新发展提供了历史机遇，也对高等师范院校人才培养质量提出了时代命题。面对基础教育课程改革深化、人工智能技术迭代、教育形态数字化转型等系列挑战，如何构建契合新时代需求的卓越师范生培养体系，已成为攸关教育事业发展的战略性课题。本书的出版，旨在回应"培养什么样的未来教师"和"怎样培养卓越师范生"这两个根本命题。

本书的出版，源于三个层面的使命驱动。其一，直面现实挑战。当前师范生培养面临多重矛盾：基础教育课程改革对教师能力要求日益提高，而部分师范院校仍存在"重理论轻实践""重知识轻素养"的倾向；信息化时代对教师数字素养提出新需求，但师范生信息化教学能力培养体系尚未系统化；教师专业标准逐步完善，但师范生培养与职业需求的衔接机制仍待优化。这些问题亟须系统性解决方案。其二，构建理论框架。现有研究多聚焦师范生培养的某一环节（如技能训练、师德教育），缺乏对"卓越"内涵的多维解构及培养机制的系统整合。本书以"立德树人"为内核，以"专业标准"为坐标，以"技能-素养-机制"为脉络，构建"价值引领、标准驱动、能力为本"的师范生培养理论模型。其三，提供实践指南。书中凝结了研究团队在师范院校开展的卓越师范生培养实践经验，包含教学改革案例、技能考核及数字化教学资源开发范式，力求为师范院校提供可复制、可推广的实践路径。

全书的创新价值体现在三个维度：理论层面，突破传统"基本功本位"培养窠臼，提出专业情意、专业知识、专业实践三环耦合的能力发展理论；方法论层面，提倡"大中小学实践共同体"协同育人机制，形成职前职后一体化培养路径；实践层面，开发基于成果导向教育理念的评价体系，建立可复制推广的质量保障范式。本书内容包含七章，各章节呈现严密逻辑闭环：从挑战诊断（第一章）到价值锚定（第二章），从标准解析（第三章）到能力建构（第四、五章），从机制创新（第六章）到路径优化（第七章），形成"问题识别-理论建构-实践落地"的完整链条。特别是第四章师范生职业技能培养与考核体系，将传统单项技能训练升级为"教学设计-课堂实施-反思改进"的闭环能力培养。

本书的创作是"田野深耕"与"理论突围"的双向奔赴。自 2019 年起，研究团队深入基础教育一线，在实践基地学校驻点观察师范生实习中的"现实震撼"，在课堂录像中逐帧编码分析师范生的非言语行为，在师范院校工作坊中与师生共同设计"师德浸润课程"。这些扎根大地的研究经历，使本书的每个观点都经得起实践检验。本书的撰写得到国内外不少学术机构和专家的帮助，他们提供了师范生培养及相关学科领域里的最新研究成果和文献，使本书在写作过程中能始终瞄准学术前沿，在此，我们谨致以诚挚的谢意。更要向参与行动研究的师范生致敬，他们在微格教室中的紧张与蜕变、在实习课堂上的困惑与成长，构成了本书最生动的注脚。还要感谢西安文理学院的领导、专家的大力支持，以及感谢家人的理解与支持，支撑我们完成这项"教育长跑"。

教育是"一棵树摇动另一棵树，一朵云推动另一朵云"的事业。本书虽聚焦"师范生培养"这一具体领域，但字里行间寄托着对教育本质的思考：真正的卓越，不仅是教学技艺的精进，更是教育情怀的涵养；不仅是专业标准的达成，更是生命价值的实现。期待本书能成为一粒火种，点燃更多教育同人对师范教育的热爱与探索。期待本书能为新时代教师教育改革发展提供新思路，为造就大国良师贡献绵薄之力。

由于作者水平有限，书中难免有不足之处，恳请读者指正，愿与诸位同行者共筑中国师范教育的未来。

向　华

2025 年 3 月

目　　录

第一章　师范生人才培养面临的挑战与改革思路

第一节　师范类专业认证与卓越教师培养计划 2.0 背景

一、师范类专业认证概述

为规范引导师范类专业建设，建立健全教师教育质量保障体系，不断提高教师培养质量，教育部印发了《普通高等学校师范类专业认证实施办法（暂行）》，它为我国师范类专业认证工作的开展提供了制度保证。

（一）师范类专业认证的内涵

师范类专业认证是专门性教育评估认证机构依照认证标准对师范类专业人才培养质量状况实施的一种评价，旨在证明当前和可预见的一段时间内，专业能否达到既定的人才培养质量标准。师范类专业认证的核心是保证接受认证专业所培养的师范生在毕业时的知识能力素质能够达到相应标准要求以及毕业 5 年左右能够达到社会和专业领域的发展预期，目的是推动师范类专业注重内涵建设，聚焦师范生能力培养，改革培养体制机制，建立产出导向的持续改进质量保障机制和质量文化，不断提高人才培养质量。

师范类专业认证旗帜鲜明地将践行社会主义核心价值观，贯彻党的教育方针，以立德树人为己任，立志成为有理想信念、有道德情操、有扎实学识、有仁爱之心的好老师培养放在师范毕业生要求的首要位置，贯穿于培养目标设置、培养方案制订、教材资源建设、课程教学实施、教学质量评价全过程，全面保障和提升师范类专业人才培养质量，为培养高质量教师队伍提供有力支撑。师范类专业认证紧扣服务基础教育改革发展需要，着眼于全面提高师范人才培养质量。

（二）师范类专业认证的理念

1. 学生中心

师范类专业人才培养的出发点与落脚点都是以学生的发展为中心。以学生为中心，就是要遵循学生的发展规律，强调以师范生为中心配置教育资源、组织课程和实施教学，对照师范毕业生核心能力素质要求评价师范类专业人才培养质量，推动师范类专业人才培养质量的持续提升，引导师范院校聚焦师范生成长成才。

要求高校要统筹规划教育教学资源,提升课程质量,促进每一个学生的潜能提升,形成以学生为中心的人才培养模式。

基于"学生中心"的视角,师范类专业课程设置与教学实施务必服务于学生群体。首先,课程设置要致力于学生专业发展,高校应积极审视本专业课程结构,及时更新本专业课程内容,呈现给学生更有价值的知识信息。其次,课堂教学方式也应与时俱进,不能一味以"填鸭式"的教学来提升学生的能力;在新时代教育背景下,应积极采取自主、合作、探究等新型教学方式,促进师范生核心素养的形成,增强师范生的适应能力,从而使师范生在入职后能尽快胜任教师一职。

2. 产出导向

师范类专业认证以"产出导向"为基本理念之一,意味着人才培养需要时刻关注学生的最终发展,围绕基础教育的师资要求培养学生。一线教学环境是师范类专业学生的"试金石",基础教育需要什么样的师资,基础教育教师需要具备哪些职业素养,这些都是制约高校师范类专业建设的关键条件。各专业负责人及教师在人才培养过程中,要做好以下几点。首先,对接基础教育师资需求,明确本专业学生应构建的知识与能力结构。其次,重新审视本专业培养目标是否贴切、课程结构是否合理、教学方式是否得当等。最后,在学生现有知识水平的基础上,给予每一个学生全面发展的机会,以利于师范生综合竞争力的提升。

虽然师范生在校教育属于教师职前阶段,但是其与职后阶段紧密联系,职前教育阶段是师范生成长的基础与前提,它制约着教师未来的专业发展。因此,高校师范类专业要关注基础教育需求,积极构建基础教育合作实践机制,推动本专业发展。高校应鼓励教师积极深入基础教育一线,熟悉中小学幼儿园教育现状,使师范生更加了解基础教育需求。对于一线教师而言,可以发挥自身优势,参与制定师范类专业人才培养方案,指导师范生教育教学实践能力的提升,构建高校教师与中小学幼儿园教师合作指导模式,这样可以为师范生提供先进的教育理念与教学科研能力指导,促进师范生理论与实践的共同提升,为师范生的入职奠定基础,为师范生的教育服务。

3. 持续改进

在师范类专业认证制度的推进下,相关专业要增强自我评价与管理意识,构建专业内部质量监测与评价体系;通过建立自我评估体系,对师范类专业进行全方位、全过程的系统评价,并将自我评价常态化;将评价结果应用于教学改进,积极将反馈结果用于指导改进本专业课程教学改革,结合专业内部质量监测与外部质量评价,不断反思本专业人才培养方案,调整课程结构,改进教学方式,促进师范类专业人才培养模式的持续改进。

在信息化背景下,师范类专业人才培养模式也要充分利用教育新兴技术,借助"互联网+"、大数据、人工智能等教育媒介，加强与其他学校进行教育资源的互动共享；时刻把握基础教育发展需求，提升本专业学生的影响力与竞争力；通过多种方式优化现有课程内容、改进教学方式，从而拓宽师范类专业发展的渠道，不断推动师范生成长，促进师范生培养质量的稳步提升。

二、师范类专业认证的实施

（一）师范类专业认证体系

20 世纪 50 年代以来，世界上许多国家推行了教育改革，如美国"国防教育法案"颁布，加强数学、自然科学以及外语的教学，旨在提高教育质量，培养以科学和技术为导向的全球经济中富有竞争力的人才。师范类专业认证是我国教育行政主管部门针对我国教师教育运行发展中存在的问题所做出的顶层制度设计。2018 年 1 月，《中共中央　国务院关于全面深化新时代教师队伍建设改革的意见》出台，对师资队伍提出了明确的要求。要实现这一目标，保障师范教育质量的提高，师范类专业认证的实施迫在眉睫。

针对师范类专业层次类型的复杂多样以及各地各校发展不平衡不充分的现状和特点，构建横向三类覆盖、纵向三级递进的认证监测体系，分别为"监测"、"合格"与"卓越"。第一级定位于师范类专业办学基本要求监测。所有高等院校的师范类专业都需要参加第一级认证，达到该专业办学的基本要求。依托教师教育质量监测平台，建立基于大数据的师范类专业办学监测机制，对各地各校师范类专业办学的基本状况实施动态监测，为学校出具年度监测诊断报告，为教育行政主管部门提供监管依据，为社会提供质量信息服务。第二级定位于师范类专业教学质量合格标准认证。以教师专业标准和教师教育课程标准为引领，推动教师教育内涵式发展，强化教师教学责任和课程目标达成，建立持续改进机制，保证师范类专业教学质量达到国家合格标准要求。第三级定位于师范类专业教学质量卓越标准认证。建立健全基于产出的人才培养体系和运行有效的质量持续改进机制，以赶超教师教育国际先进水平为目标，以评促建，追求卓越，打造一流质量标杆，提升教师教育的国际影响力和竞争力。

（二）师范类专业认证考查重点

师范类专业认证考查范围涵盖教师教育专业人才培养活动的各个环节，包括培养目标、毕业要求、课程与教学、合作与实践、师资队伍、支持条件、质量保障、学生发展，贯穿学生入学至毕业的整个培养过程，关注学生毕业后发展状况。师范类专业认证考查重点是紧扣培养目标与培养效果的达成度、专业定位与社会需求的适应度、教师及教学资源的支撑度、质量保障体系运行的有效度、学生和用人单位的满意度。

1. 培养目标与培养效果的达成度

重点考查师范生在毕业时的知识能力、素质发展是否满足国家"出口"质量要求，是否达到专业所制定的培养目标，同时通过毕业生及用人单位的满意度调查，综合评判培养目标与培养效果的达成情况。

2. 专业定位与社会需求的适应度

重点考查师范类专业办学定位是否符合国家战略和经济社会发展需求，是否与学校的办学定位和人才培养定位相符合，毕业生能否适应社会发展需要。

3. 教师及教学资源的支撑度

重点考查师范类专业师资队伍配备、课程体系设置、教学资源配置及教学活动安排是否聚焦师范生成长成才需求展开，能否有效支撑师范生能力素质的养成。

4. 质量保障体系运行的有效度

重点考查师范类专业是否建立"评价—反馈—改进"闭环质量保障体系，是否形成基于产出的内外评价机制和持续改进机制，是否注重质量文化建设并推动专业人才培养质量不断提升。

5. 学生和用人单位的满意度

重点考查师范类专业是否从学生学习体验和学习收获出发，对在校生、毕业生、用人单位等利益相关方开展满意度调查，并将调查结果用于专业人才培养过程的持续改进。

（三）认证标准对师范类毕业生的基本要求

师范类专业认证标准主要从四个方面阐述了对毕业生的基本要求：践行师德、学会教学、学会育人、学会发展。

1. 践行师德

践行师德不仅要求践行社会主义核心价值观、立德树人的师德规范，还明确提出具有专业认同、人文底蕴和科学精神的教育情怀；要立足"知行合一"，注重将师德认识转化为师德认同，并在专业实践中积极践行；同时，要加强自身修养，丰富人文底蕴和科学精神，养成积极向上的情感、端正奋发的态度和持续努力的行为。

2. 学会教学

学会教学要求理论与实践相结合，寓学于教，教学合一；能立足学科思想和方法，系统扎实地掌握学科基本知识、基本原理和基本技能，注重拓宽专业视野；了解所教学科与其他学科的内在关联，提高学科教学的科学性和实效性。同时，还要以信息技术作为辅助教学手段，提升教学研究能力。专业认证标准对实践性教学有明确要求，强调微格教学训练、语言技能训练、书写技能训练、实验教学、艺术教育实训室等需符合实际教学所需设施和设备的底线要求。师范生的实践教育教学能力的培养，需要有足够数量的教育教学实践基地、高质量的教师队伍和规范的管理来作保障。

3. 学会育人

学会育人从班级指导的德育工作入手，掌握德育原理、目标、内容和方法，在教育实践中统筹应用学科类、思政类、德育类课程的综合渗透，对学生进行心理辅导，初步掌握其中的技巧和方法，进而了解中小学生身心发展和养成教育规律，理解育人价值。

4. 学会发展

学会发展要求具有终身学习与专业发展意识，将自身职业生涯规划与时代发展相结合，选择和制定专业学习与职业发展规划；要进行系统的反思技能训练，学会用发展、创新、批判的思维去看待问题；乐于分享和交流实践经验，增强沟通合作，以帮助自我诊断和改进，促使自我提升。

三、卓越教师培养计划 2.0 的目标挑战、要求与保障机制

（一）卓越教师培养计划 2.0 的目标挑战

教师作为一种职业，其专业化程度随着社会的发展而不断提高，教师专业化发展是提高师范生教育质量的必然要求。近年来，教育部出台了相关政策，体现了国家对教师和教师教育的重视程度。例如，《教育部关于实施卓越教师培养计划2.0 的意见》《中学教育专业师范生教师职业能力标准（试行）》《小学教育专业师范生教师职业能力标准（试行）》《学前教育专业师范生教师职业能力标准（试行）》《中等职业教育专业师范生教师职业能力标准（试行）》《特殊教育专业师范生教师职业能力标准（试行）》，从总体思路出发，对卓越教师培养的目标要求、改革任务与重要举措、保障机制等方面进行了规定。又如，《教师教育振兴行动计划（2018—2022 年）》从师德教育、培养规格层次、教师资源供给、教师教育模式、师范院校作用等五个方面明确了十大行动，以建强做优师范教育。由此可以看出，

卓越教师培养计划 2.0 是改进我国教师教育质量保障体系、提高教师教育质量的战略举措，对师范生的培养具有重要意义。

卓越，即出色、杰出、不平凡等，卓越教师即出色或杰出的教师。卓越教师计划是由教育部提出的培养国家特别优秀教师的重大人才培养计划。通过实施卓越教师培养，在师范院校办学特色上发挥排头兵作用，在师范专业培养能力提升上发挥领头雁作用，在师范人才培养上发挥风向标作用，培养造就一批教育情怀深厚、专业基础扎实、勇于创新教学、善于综合育人和具有终身学习发展能力的高素质专业化创新型中小学（含幼儿园、中等职业学校、特殊教育学校）教师。

《教育部关于实施卓越教师培养计划 2.0 的意见》提出的目标要求是：经过五年左右的努力，办好一批高水平、有特色的教师教育院校和师范专业，师德教育的针对性和实效性显著增强，课程体系和教学内容显著更新，以师范生为中心的教育教学新形态基本形成，实践教学质量显著提高，协同培养机制基本健全，教师教育师资队伍明显优化，教师教育质量文化基本建立；到 2035 年，师范生的综合素质、专业化水平和创新能力显著提升，为培养造就数以百万计的骨干教师、数以十万计的卓越教师、数以万计的教育家型教师奠定坚实基础。

（二）卓越教师培养计划 2.0 对师范生人才培养的要求

培养高素质教师队伍是优先发展教育事业、建设教育强国的一项重要举措。《教育部关于实施卓越教师培养计划 2.0 的意见》要求进一步升级实施卓越教师培养计划，建设一流高校和一流师范专业，分类推进培养模式改革。在实施"卓越教师培养计划 2.0"的背景下，教师教育改革必须加强战略谋划、精准发力，坚持问题导向，创新人才培养体制，优化课程体系，完善保障机制，着力推进卓越教师培养计划实施。

1. 创新人才培养体制

人才培养是高校的核心职能。《教育部关于实施卓越教师培养计划 2.0 的意见》要求加快形成高水平师范教育人才培养体系，引导广大师范生求真学问、练真本领，从源头上培养高素质教师。可见，人才培养体制改革是师范教育改革的关键所在。

一是要因校制宜调整人才培养方案。2018 年，教育部等五部门印发《教师教育振兴行动计划（2018—2022 年）》，在国家层面明确了师范教育的顶层设计。在国家教师培养总体要求下，各高校要因校制宜，调整人才培养方案。高校的办学指导思想与目标，对于培养高素质有特色的教师人才起着重要的作用。新时代的师范教育应充分明确指向培养中学、小学、幼儿园、中等职业学校和特殊教育学校教师的培养目标，根据新时期教育的实际要求来培养学术与实践应用兼具的复合型教师。此外，应全面建立政府、高校、中小学协作机制，有效推广教师教育培养合作新模式。

二是要创新师范教育模式，深化人才培养模式改革。我国师范教育人才培养重点是本科通用型教师，振兴本科教育是新时代高等教育改革发展的核心任务。同时，新时代教师教育已经向综合教学型和学科研究型教师提升。因此，在重点推行"3+1"本科通用型模式的同时，逐步推进包括"3+3""4+2"的教育硕士研究生综合教学型模式和"4+3"的学科研究型模式等多种模式在内的多元化教师培养模式，有序推进类似东北师范大学"本硕一体·全科·融通"的卓越小学教师培养模式，逐步建成具有多层次、多通道、高度灵活特点的"立交桥"式的培养模式群。"3+1"本科通用型模式是针对本科师范生而设计，以培养具有扎实学科背景和通用教育教学理论的通用型教师为目标。培养方式为：学生入学后，前 3 年在本专业院系学习专业知识和技能，夯实专业基础，在第 3 学年末，进入教育学院，进行为期一年的教师专业训练，主要学习教育类课程，同时接受教育实践训练（必须保证一整学期的见习、实习），毕业时获得教师教育专业学士学位并考取教师资格证书。对于不具备推行"3+1"本科通用型模式的高校，可以加大对教法与学法的改革力度。

2. 以优化课程体系为依托培养卓越教师基本品质

教师专业化是国际教师教育改革的趋势。要满足新时代教育对教师的要求，师范教育改革必须着力培养卓越教师应具有的基本品质，而基本品质培养必须以课程建设和教学改革为依托，调整现行的课程结构。对于作为师范教育主体的本科师范生，优化课程体系应适量"加负"。一方面，要有针对性地适量增加教育学科类的课程；另一方面，要拓宽专业面，增设综合课，提倡主辅修制，优化师范生的知识结构，使课程内容适当超越传统的学科知识和教育理论，扩展到适应新时代教育要求的各重要内容。要逐步建立起教师教育课程鉴定制度，通过制定师范教育课程的设置标准及评估其实施质量，提高师范生培养质量，最终为提升教师专业水平提供制度保证。具体而言，高校要培养卓越教师具备以下基本素质。

一是具备优秀的师德和立德树人的责任感。卓越教师培养必须坚持以立德树人为中心，师范教育改革必须把师德教育放在教师教育的首位，提升人才培养质量。

二是具备广博精深的学科专业知识。现代教师必须精通所教学科的基本理论知识，清楚本学科专业知识的产生过程和整个知识体系框架，明晰学科专业知识结构，洞悉本学科发展的前沿和趋势。

三是具备扎实的教育教学理论知识和技能。教师要向学生有效地传授知识，必须具备扎实的教育教学理论知识和技能，包括教育学科知识、教育教学技能、教师实践能力、教育研究能力等。

四是具备深厚的文化底蕴。深厚的文化底蕴指的是教师的文化内涵，它是教育智慧的文化基础，主要包括历史地理、文学艺术和审美艺术等方面的知识。

五是具备创新理念和能力。教师必须具有创新理念和能力，学会用新的教育教学理念和思想来武装自己，树立发展更新的教学观，积极引导学生培养创新思维，提高创造能力。

3. 健全人才制度，优化师范类专业师资队伍

近年来，高校之间的人才流动成为高等教育界普遍关注的热点话题。如何健全人才制度，吸引、留住、用好优质人才，是各高校面临的现实问题。对于教师教育而言，高校应从强化政策支持、创新管理模式、引导专业成长等方面入手，建立合理的人才制度来引导和规范人才引进与流动，解决师范类专业教师队伍结构失衡问题，进一步优化师范类专业师资队伍建设。

首先，建立多渠道的人才补充机制。可以采取外来高级优秀人才引进、共享本校优势学科师资和借助对口支援政策等方式充实师资队伍。政府应为师资较为薄弱的高校教师外出研修提供配套资金，加大教师教育师资国内外访学支持力度，同时出台相关政策鼓励优质学校教师定点支教。同一区域的高校加强校际合作，形成教师教育共同体，实现师资共享。

其次，建立健全高校教师荣誉制度。对于无法用"高薪"吸引人才的学校，要依靠国家和地方政府出台的荣誉政策来吸引和留住人才，不仅应奖励有突出贡献的科研人才，也要奖励有突出贡献的教师教育教学人才。

最后，政府应选派优秀的中小学教师、教研员作为教师教育专业教学技能指导教师，加快落实高校教师与优秀中小学教师共同指导教学政策，为师范生提供全方位、及时有效的实践指导，从而优化教师教育专业师资结构，实现师范生专业知识和教育教学知识技能双提升。

（三）卓越教师培养计划 2.0 实施的保障机制

在"卓越教师培养计划 1.0"迈向"2.0"的背景下，政府作为政策制定、完善和督办主体，应进一步具体细化相关政策。政府、高校和用人单位三方主体要切实明确各自的职责职能，出台、完善配套政策，切实提高教师地位，完善公费师范生教育政策，完善师范教育经费投入机制，建立监督检查机制，以扎实推进"卓越教师培养计划 2.0"实施。

1. 切实提高教师地位

被尊重、有价值感、有幸福感是每位教师高层次的精神追求，让教师成为令人尊重的职业对于打造高素质教师队伍具有重要意义。为实现这一目标，需要政府、高校和相关部门从多方面、多层次、多角度逐步落实。一是通过师范教育体制机制建设，着力提高教师的地位与待遇，增强教师职业吸引力；二是通过师范生的职业生涯一体化培养体系建设，全面提升师范生从教的职业素养与能力。未

来，国家需出台更多相关政策，积极有效推进地方政府、高校与中小学"三位一体"中国特色师范教育协同育人的横向联动机制，建立健全公费师范生招生、培养、就业、跟踪"四位一体"的纵向联动机制，实施"选拔性""基线性""定向培养""提前批次招生"师范专业招生政策，落实好师范生就业人事编制、薪金待遇、进修学习等服务保障政策。

2. 完善师范生公费教育政策

部属师范大学师范生公费教育政策实施以来，学生就业总体状况良好，大部分学生服务于基础教育一线，受社会关注度较高，社会反响良好，师范生培养与就业品牌效应确立，各项就业政策执行成效显著。

未来，国家需要从战略与全局高度加强公费师范生政策的内部调整与机制完善。一是加强准入、招聘、交流、退出等机制改革。理顺各方主体管理体制机制，加强公费师范生返校攻读教育硕士课程的体系化建设，考虑减免或国家提供读研费用，继续国家政策和各项要求在教育基层落实。二是科学合理地规划与制定地方师范生公费教育政策。地方高校是培养中小学教师的主体，在部属师范大学师范生公费教育成功经验的典范引领与辐射影响下，国家应出台相应的地方政策，扩大师范生公费教育覆盖面，实施地方卓越师范生公费教育政策。三是健全大学、政府、中小学等各方主体协同合作机制，保障将改革向纵深推进。着重加强学校与政府合作、学校与学校结对等试点帮扶举措。通过教师互派、教师培训等方式加强部属师范大学与地方政府、地方高校、地方用人单位的深度交流与合作，为优质教师培育与师资质量提升提供智力支持。

3. 完善师范教育经费投入机制

应尽快确立全国性的师范教育经费投入标准，结合相关院校师范教育规模和服务基础教育的能力，在科学核定的基础上适度提高投入标准，逐步将师范教育经费投入纳入中央财政保障范围内。对于实行差别学费的地区，财政拨款要全额补足师范生低学费的差额。在全国省属师范大学全面推行公费师范生教育，由中央财政专项支持。鼓励各地根据教师队伍建设的紧迫需求和长远规划，实施符合当地实际的公费师范生政策。

4. 建立监督检查机制

在国家层面要明确制定质量评估制度建设和实施的执行标准。执行标准的设立可以为实施提供规范，提高各地各校开展制度建设工作的可操作性，也便于过程性的评估。建立健全保障制度建设和实施的工作机制，包括明确各级各类责任主体，制定相应的配套措施，在经费、资源、条件、管理上予以支持和保障等。切实加强制度建设和实施工作情况的监督检查，定期、不定期对制度建设和实施工作执行情况开展监督和过程性评估，做到责任明确、层层落实。各师范教育院校要建立起自我质量评估体系，重点查找问题与不足，准确把握改革思路，真正提升师范教育的质量和效能。

在师范类专业认证和卓越教师培养计划 2.0 的大背景下，未来教师更注重与基础教育改革的契合，因此应注重对卓越师范生专业技能的培养，这与整个师范生培养的质量密切相关。坚持"学生中心、产出导向、持续改进"的师范认证理念，坚守"为党育人、为国育才"的初心使命，进一步明确师范类专业的培养目标，优化课程体系，加强信息化教学，强化实践教学环节，改革教学方法，重塑教师教育体系，着力培养德智体美劳全面发展、理想信念坚定、教育情怀深厚、综合素质高、学科知识扎实、实践能力强、具有创新精神的基础教育人才是高等师范院校和承担师范生培养使命的学院应有的担当。

卓越师范生专业技能是指师范生从事教师职业所必备的专业能力，它是在具备一定的文化素质和专业理论的基础上，通过专门培养和训练形成的，主要包括：专业知识技能、专业教学技能和专业情意技能。本书提出并实践"大中小学联手、理论实践贯通"卓越师范生专业技能培养模式，从终身化、立体化的角度构建富有创新意义的卓越师范生培养教育教学体系和机制，通过创建专业实践社群，搭建多层次、多类型的培养平台，引入内容多维、指标多元、全员参与的评价机制和档案袋评价策略，以期促进卓越师范生专业技能的养成。

第二节　师范类专业人才培养模式存在的问题及成因分析

一、师范类专业人才培养模式存在的问题

（一）培养目标缺少层次性

现阶段，我国师范类专业的培养目标定位比较笼统，没有进行很好的分流，缺少层次性。通常将培养目标定位为培养本专业知识与专业能力兼备的教育人才，对于具体如何根据学生个人意愿与实际情况分层次地培养在培养目标中并没有很好地体现。到底是培养应用型一线基础教育的教师还是培养研究型的高校与科研机构的研究型人才，很多学校也没有一个清楚的定位。以历史教育专业为例，某高校历史教育专业将培养目标定位为：培养能在中等学校从事历史课教学与管理的基础教育工作者。这一定位过于笼统，由于学生个体自身的差异性，全部按照一个目标进行培养，体现不出人才培养的层次性。同时，师范类专业的培养目标，也没有规定师范生在经过四年的培养后，理论知识与实践能力具体应该达到什么样的水平，对实践环节的指导略显不足。师范类专业培养目标的不明确、不具体，直接导致教师教育人才培养模式上的"重理论、轻实践"这一现象的产生，同时

也使培养出的师范生与其他非师范类专业的学生差别不大，没有特色，师范类专业该有的应用能力与实践能力不足。

（二）课程设置不够合理

以英语教育专业为例，在所开设的必修课与选修课中，虽然科目很多，但是类型大致相同，基本上是与英语听说读写、英语文学等相关的课程，缺少理科类的选修课。这种只注重专业的纵深发展，而忽视专业与专业横向协调发展的课程设置会导致师范生大多掌握文科知识，缺乏对综合性知识的理解，不利于跨学科知识的融合。在师范类专业人才培养方案中，高校根据基础教育的实际需要设置课程不足，过多地考虑以往培养方案中教师承担过的课程，教师能教什么课程。教育理论课程和教学法课程设置不足，基础课和专业课更新不够，必修课与选修课的比例也不够合理。高校教师要适应师范生的全面发展，就必须持续不断地完善自己的专业技能，不断研修并将自己的教育理论运用到教学实践中。课程设置不够合理，会造成师范生教育理论知识和实践知识的缺乏，不利于卓越师范生专业技能的培养。

（三）课堂教学对全体学生关注不够

素质教育要求教育要面向全体学生，而很多高校的教学方式并不能关注到每一个学生。以"翻转课堂"为例，虽然它一定程度上尊重了学生的主体性，调动了学生的学习积极性，但是它也存在一定的弊端。由于每个小组的学生都过于专注于自己所负责的部分，所以当其他小组的学生上台讲解时，大部分学生无心倾听，造成了学生对自己所负责部分内容记忆深刻，而对其他学生所讲内容了解不深，进而造成知识掌握的碎片化、系统性不足问题。同时，课堂交流通常也是采用小组讨论发言的形式，而选取的小组代表往往是平时善于表达的学生，而不善于表达自己的学生并没有在课堂上得到很好的锻炼。所以，虽然传统以讲授法为主的课堂存在问题，但是现在的新式教学方式也有其弊端。这样的新式课堂，并不是每个学生都有思考和陈述自己观点的机会，并不能有效地关照到每一个学生，仅仅是部分学生能力的提高，在一定程度上忽视了全体性。

（四）教学实践训练不足

在校内师范生教学技能训练方面，由于技能训练耗时长、成效低，所以经常会出现技能训练缺少专门指导的现象。目前在为师范生开设的课程中，一般教育类课程和学科教育类理论课程较多，专门的技能训练课程较少。通过访谈发现，有些师范生的技能训练是在课余时间进行的，并没有专门的技能训练或教师指导，即使有技能训练，也比较零散、不够系统，尤其在体态语言使用技能，教学口语技能，以及驾驭课堂、调控课堂的能力和班级管理能力等方面训练不足。在校外实习方面，由于目前基础教育各阶段的重心仍是升学，学校的主要精力也集中于升学备战。部分学校仅仅把实习生当作教育教学的助手，而不是一名学习者，从而疏于对实习生进行管理，对实习生的培养不够全面，也不够系统，部分实习生上课时数较少，教学实践锻炼机会不足。此外，高等师范院校教师科研、教学工作量较大，导致部分教师不能安心蹲点指导，只能"跑点指导"，严重影响了教育实习指导的质量，造成了师范生教学实践的形式化，实习成效一般。

（五）教学评价内容单一

目前，不少教师教育专业以"合格"的基础教育师资作为培养师范生的目标，而"合格"的标准通常仅针对师范生的期末考试成绩，并没有对师范生将所学知识运用于实践的能力进行考量，这种以考试作为标准的评价，间接导致师范生只重理论知识的背诵，而忽视了专业技能方面的训练。这种"标准"的设定，不利于教育质量的提高，也不利于师范生适应基础教育教学，还会模糊师范院校把学生作为未来教师的培养目标。在实习评价方面，当前师范生的实习评价多以实习学校的指导教师为主。实习指导教师应该对师范生进行客观认真的评价，从而使师范生认识到自身的不足，进而在以后的学习和生活中弥补不足；但在实际评价中，实习指导教师对师范生的评价大多是形式化的，提出中肯性建议的较少。对师范生实习的评价多是总结性的，并没有对考核的标准进行细化，考核评价的不规范也不利于师范生教学实践能力的提高。这种仅仅以考试成绩与指导教师评价为标准的单一的评价方式，不利于促进师范生的全面发展。

二、师范类专业人才培养模式出现问题的成因分析

（一）师范类专业人才培养的滞后性

1. "育人"教育价值迷失

现代社会生活节奏快，人们普遍追求最短时间的效益最大化。师范生教育是养成教育，师范生的培养是一个长期的过程，技能训练也是一个长期的养成过程，不是一朝一夕就可以完成的。正如德国哲学家菲希特（Fichte）所说，教育首先应该着眼于培养人，而不是着眼于实用性。教育不仅仅是向学生传授知识与技能，还应该是唤醒学生的力量，培养学生自我学习的能力，以便使他们在未来无法预测的局势中做出有意义的选择。社会风气的浮躁和以知识为中心的单一价值导向，会造成社会"育人"价值的迷失，间接地造成学校与师范生的浮躁，导致教师不能沉下心来好好地教，师范生也不能沉下心来好好地学。这种浮躁的社会风气，不利于师范生的培养。

2. 原有教师资格制度不完善

原有教师资格制度制定较早，在某些方面已不能体现新时代对教师的要求。1993 年颁布的《中华人民共和国教师法》规定：取得幼儿园教师资格，应当具备幼儿师范学校毕业及其以上学历；取得小学教师资格，应当具备中等师范学校毕业及其以上学历；取得初级中学教师、初级职业学校文化、专业课教师资格，应当具备高等师范专科学校或者其他大学专科毕业及其以上学历；取得高级中学教师资格和中等专业学校、技工学校、职业高中文化课、专业课教师资格，应当具备高等师范院校本科或者其他大学本科毕业及其以上学历；取得高等学校教师资格，应当具备研究生或者大学本科毕业学历。随着教育的发展，这样的标准显然不能满足当前教育的发展需要。同时，原有教师资格制度对师范生采取的是自然认证的方式，而各个学校的标准又不一样，所以造成培养出来的师范生水平也是参差不齐的。

3. 师范生教育发展不均衡

由于教育资源配置的差异，我国卓越师范生教育长期以来发展不均衡。部分资源较好的学校有实验实训等资源，可以给师范生提供良好的实践场所，而一些资源较匮乏的学校甚至在联系实习学校方面都存在很大的困难。同时，我国长期以来采用的都是公共基础课加学科专业课加教师教育课的课程模式来培养师范生，这种课程模式不能充分满足师范生个性化的需求，也不能满足当前教师教育专业化人才培养的要求。并且有些师范院校没有真正深入到基础教育中去，没有真正地了解基础教育，再加上所教授的课程只能关注到师范生职前培养阶段，而不能延伸到师范生职后阶段，所以会出现师范生职后进入教师角色缓慢的情况。

（二）教师教育专业性培养中忽视对教师特性的认识

在教师教育的改革过程中，高校总是不自觉地将教师职业等同于其他职业，只看到教师职业的一般性，简单地认为教师也是为社会发展服务，而忽视了教师职业的独有特性。

1. 忽视教师职业的独有特性

首先，教师是一种培养人的职业，会受到社会经济、政治文化、当地风俗等外界多方因素的影响，教师的发展无法像有些职业可以在有限的空间里进行。因此，师范院校要想培养出优秀的教师，就要积极地与外界保持联系，保证人才培养的前瞻性和社会需求的吻合性。其次，高校对教师专业发展的规律缺乏全方位的认识，例如，部分学校培养目标定得过于笼统，甚至定得过高，常把培养优秀教师、成熟教师作为教师教育人才培养的目标。师范生阶段是职前的基础阶段，主要进行教师所需的专业知识学习和专业能力训练，初步具备一定的教师素养，为职后做准备。许多高校对教师专业发展规律认识不足，导致制定的培养目标不太符合实际。

2. 追求综合大学，教师教育旁落

当前，我国教师教育的政策导向是以师范院校为主，其他高等院校参与的多渠道、多层次、多形式的开放性师范教育。在建设"双一流"大学的背景下，师范院校逐步转向综合型大学。个别高校出于功利性的考虑，为了扩大学科覆盖面，将办学定位转变为应用型与多学科型，向着综合大学发展，师范专业比重和招生比重双双下降，甚至某些师范院校进行了由师范类专业为主体向以工科专业为主体、多学科协调发展的转型。在向综合大学转型的过程中，个别院校并未真正发挥"综合优势"，反而削弱了自身的"师范性"，再加之一些院校未能及时做出变革，教师教育还是沿袭旧有的模式或者并不受学校重视，从而导致本就被削弱的师范专业更加被边缘化。

3. 教师教育专业实践场域训练不足

大学与中小学是相互依存、共同促进的，二者需要建立畅通无阻的沟通桥梁，在互惠共赢的基础上发展合作伙伴机制，共同承担培养未来卓越教师的重任。部分学校由于经费、场地等条件的限制，无法为学生提供充足的实践机会，学生难以将理论知识转化为实际技能。部分教师自身实践能力不足，难以在教学中有效引导学生进行实践，这是导致教师教育专业实践场域训练不足的主要原因。高校教师应该真正地深入基础教育中，与中小学保持密切联系，真正了解中小学的实际需求，切实保障相关教师的待遇，真正培养出适合当前基础教育发展需求的教师教育人才，防止出现"闭门造车"的现象。

（三）师范生对专业学习缺乏积极性和主动性

1. "唯分数"的功利价值取向

当前师范生的课程主要以通识类公共基础课程、教师教育类课程、学科专业类课程三大类为主。其中，教师教育类课程主要由教育学、心理学、课程教学论等构成，这些课程在师范生平时的学习中主要以记忆为主，由于很多学生平时缺少自主学习的意识，所以对于这些理论知识的背诵仅仅是为了应付期末考试，考完试之后不会再进行思考与内化。同时，比起自身能力的提高，有些师范生更注重成绩的高低，存在"唯分数"的功利价值取向。

2. 专业学习缺乏规划

目前高校的很多师范生缺少职业理想与追求，缺少对教师职业的热爱。由于这种对未来不确定性的焦虑，很多师范生并不安心于目前自己所学专业，缺少对本专业学习的规划，对自己未来的职业选择也很迷茫。再加之社会对教师职业看法的舆论导向，这些因素综合起来使很多师范生认为学校的培养不能满足社会的需求，对课程学习、技能训练都没有系统的规划。

3. 教育实习缺少职业幸福感的体验

对于提高实践能力非常重要的教育见习、教育实习和教育研习环节，很多学生并没有一个正确的认识，他们仅仅为了学分和成绩，把教育见习、教育实习和教育研习当成一项任务来完成。有些学生被送到条件比较艰苦的地方成为顶岗教师，这种艰苦的环境让他们产生畏难情绪，从而不能以正确的心态去对待教育实习，继而对今后职业的定向产生动摇。同时，这种实习也会造成师范生缺少实习指导，自己想怎样讲就怎样讲，不利于师范生实践能力的提高。还有一部分师范生被送到重点中小学实习，这种实习学校大多数并没有多少机会让师范生站在讲台上讲课，会让师范生产生自己只是一个旁听者的想法，不利于师范生实践能力的提高。这些实习方式不利于师范生在实习中体验职业的价值感与幸福感。

第三节　高校卓越师范生人才培养模式的优化

针对高校教师教育人才培养模式出现的问题，围绕立德树人根本任务，在人才培养方案、课程设置、教学改革、实践改革、评价改革等方面进行一系列富有创新意义的改革与探索，逐渐形成理念先进、体系完善、成效显著的卓越师范生培养模式。

一、系统设计：基于成果导向教育理念优化卓越师范生人才培养方案

在人才培养中引进成果导向教育（outcome based education，OBE）理念，遵循"学生中心、产出导向、持续改进"等基本原则，为卓越师范生量身制订人才培养方案，对卓越师范生的人才培养目标、培养路径、毕业要求以及课程体系等进行优化调整，逐步形成培养目标明确、毕业要求到位、课程体系科学、实践路径多元的人才培养方案。方案遵循高等教育规律和师范生身心发展规律，落实立德树人根本任务的总体要求，将思想政治教育、教师职业道德和专业能力培养融入教育教学全过程，为培养德智体美劳全面发展的卓越教师提供重要保障。

《教育部关于实施卓越教师培养计划 2.0 的意见》明确指出，"培养造就一批教育情怀深厚、专业基础扎实、勇于创新教学、善于综合育人和具有终身学习发展能力的高素质专业化创新型中小学（含幼儿园、中等职业学校、特殊教育学校，下同）教师"。在教师资格考试的大背景下，高校应该找准自己的定位，确保教育目标的应用性，突出师范类专业的长处，特别要突出师范类教育学科的特色，变被动发展为主动发展，更好地适应教师资格考试、定期注册等教师教育制度的变化。高校"教师专业性"的培养应该表现在培养出来的未来教师具有厚基础、宽口径、强专业、富教育的特性，德行、知识、技能、能力兼备且具有可持续的学习力。

（一）培养有德行的卓越师范生

"学高为师，身正为范"是陶行知先生的名言，从中可以看出，教师是学生的一面镜子，是学生的表率。教师如果想教学生做好人，其自身首先要是个好人。但丁曾说："道德可以弥补智慧的缺陷，而智慧永远弥补不了道德的缺陷。"学乃教育之基础，德乃教育之本源。教育是用心灵培育心灵，用道德培养道德。只有德艺双馨的教师，才能培养出德才兼备的学生。一名优秀的教师除了要有扎实的学识之外，还要有坚定的理想信念、高尚的道德情操和仁爱之心。2008 年 5 月 12 日，在四川汶川地震中，谭千秋教师如果没有对学生的爱，是不会在教学楼顷刻坍塌时，用双臂将 4 名学生紧紧掩护在身下的。苏格拉底认为道德行为产生于知识，提出了"知识即美德"的观点。但苏格拉底所指的知识不是狭义上的科学知识，而是善的理念和对善的践行，是知行合一的。所以在对师范生的道德教育中，不能一味地灌输道德知识，而是要培养一种实践精神，强调知行合一，把美德与知识转化为道德实践。

（二）培养知识、技能、能力兼备的卓越师范生

教师资格考试无疑提高了教师的准入门槛，高校应该高度重视教师资格考试，重视师范生的培养质量，要培养知识、技能、能力兼备的教师。培养的师范生应能够了解本专业前沿的知识，有扎实的基本理论素养，具备学科教学科研能力，有研究和创新的意识，能够掌握基本的教育研究方法，能够关注教育实践，从实际场景中发现问题和解决问题。同时，高校也应该培养师范生的班级管理能力，锻炼师范生的组织能力、管理能力以及团队协调能力等。师范生的质量不仅关系到未来教师的质量，也关系到师范院校在社会的声誉。知识结构的综合化是当今时代对新型教师在总体知识素养上的要求，也是师范院校自身优势在培养人才方面的集中体现。

（三）培养具有可持续学习力的卓越师范生

培养的卓越师范生具有可持续学习力，是建设现代化学校并使之持续发展的根本和原动力所在。未来教师除了必须具备正确的教育观念、良好的职业道德、丰富的教科研能力、纯熟的学法指导能力、扎实的业务基本功、现代教育技能、显著的个人兴趣特长及广阔的知识背景外，还要能全身心投入，不断学习，并能在学习过程中形成、提升个体及团队的学习力，即学习动力、学习毅力、学习能力和效能的综合体现，从而将学习力转化为推进素质教育实践与创新的能力。卓越师范生学习力的提升应基于学校、为了学校和服务学校，学校发展和教师学习力的提升是一致的。学校应提供有组织、有计划、有目标、有方向的引导与培养，为教师从一名"教书匠"成长为学者型教师、专家型教师提供良好的支持平台。

二、构建模块化的卓越师范生课程体系

课程体系是人才培养方案与模式的基础，课程设置是卓越师范生人才培养的重要一环，课程设置是否合理直接影响人才培养的规格和标准。卓越师范生课程体系包括公共基础课程、学科专业课程和教师教育类课程，课程设置上应注重相应比例、理论课与实践课结构的合理性。首先，要注意贯彻落实《教师教育课程标准（试行）》，改变原有教育学、心理学、学科教学法"老式"的课程结构，开设新式模块化、可操作性强的教师教育课程。其次，要注意把新时代"四有"好老师的人才培养标准纳入教师教育课程体系建设中，融入师范生培养全过程。最后，要注意加强实践导向的课程内容优化，按照现行基础教育要求，加大设置新型实践类教师教育课程内容的力度，如在课程中加入优秀基础教育教学案例、基础教育课程改革及信息技术的新成果等内容。

首先，在教师资格考试的大背景下，应构建以促进教师专业发展为核心的卓越师范生培养课程体系。适时增加教育类选修课程的比例，以选修课来保障教师教育专业的深度，使学生能够接触到最新的教育理论研究成果，更好地理解与运用教育理论。其次，要以教师教育课程模块来保障教师教育专业的基础，将课程划分为文理知识学科模块、学科知识与能力模块、教学知识与能力模块、管理与指导教学活动的知识能力模块、研究与反思教学活动的知识能力模块、运用信息时代学习方法与技术的知识能力模块等，保障教师教育的专业性。

（一）增强卓越师范生课程的综合性

教师资格考试的笔试科目综合素质这一科目，考试内容不仅涉及考生的历史、科学、文学、艺术等文化素养，还涉及考生的法律素养、信息处理能力、逻辑思维能力、阅读理解能力、写作能力等，考查内容非常全面，这就要求师范生必须具有广博的文化知识才能更好地应对教师资格考试。高校应该增强师范生课程的

综合性，适时增加通识类课程的比例，开阔学生的视野，培养学生搜集信息、处理信息的能力，从而拓宽师范生的知识面，提高其综合素质。还应开设教育法律法规课，教育法律法规是教师资格考试笔试部分的重要内容，依法执教也是深化教育领域综合改革、实现教育治理体系和治理能力现代化的必然要求。如果是综合性大学，还可以以多学科为依托、以通识课程及文理交叉限选课的设置（例如，文史类学生必须修满一定学分的理工类选修课程；理科类学生必须修满一定学分的人文类课程）为基本途径，来保障学生适应科技发展的综合化趋势以及基础教育发展对专业化教师在知识结构综合化方面的要求。

（二）能力导向：凸显卓越师范生专业技能训练新品牌

构建"课堂+平台"素质能力协同培养机制，将通识教育、专业教育、实践教育对接"第一课堂、第二课堂、第三课堂"与学校、社区和互联网三个平台，将三类课堂统一纳入学分制管理；实施并完善技能训练课程体系化、标准化。要求师范生四年必须完成千篇（部）阅读、百篇背诵、十次登台（舞台或讲台），通过制度化实施、专业化指导、学分制管理，切实夯实他们的基础知识与基本技能。为了确保师范生基本功训练取得实效，为卓越师范班配备学业导师与优秀技能教师，专业化指导学生读书与技能训练。以"竞赛+考核"形式，考查读书技能掌握效果，将师范生技能大赛、读书笔记大赛、"我爱记诗词"大赛、诗歌朗诵会等单项比赛纳入综合考评，全员参与，推优促训。

（三）教育理论课程与教育实践课程相结合

在中学教师资格考试的笔试中，除了考查"综合素质"和"教育教学知识与能力"之外，还有一科"学科知识与教学能力"。从中可以看出，未来国家既注重对教师基础知识、基本能力的考查，也注重对教师运用理论解决实际教育教学问题能力的考查。高校应开展四年一贯的见习实习，低学年阶段每学期进行一次长短不同的见习，高学年阶段则采取一学期集中实习的方式，使见习和实习活动持续发生于大学四年整个学习过程中，并且让学生在每次听课后整理听课笔记，进行教学反思，教师及时进行指导，有效促进学生的教学反思。同时不仅要实现时间上的贯通，还要实现空间上的贯通。学生在见习和实习时要进入不同类型的学校，感受丰富的教育现实，全面了解中小学教育现状，以更好地体验教师的专业生活。瑞士教育家裴斯泰洛齐（Pestalozzi）在其《林哈德与葛笃德》一书中指出，一切知识都是为着拿来实行的，知识和实践就像是做手艺一样，两者必须结合。例如，鞋匠的主要工作是做鞋子，可是他也得知道怎样去辨别皮革，怎样去做买卖，这些知识都是做好主要工作的手段和方法。具体的实践与行动才是人生的要务，学问与知识不过是手段、方法。为了培养师范生运用理论解决实际问题的能力，应将教育理论课程与教育实践课程相结合，在教育理论课中穿插实践知识，在教育实践中穿插理论知识。

三、认证引领：打造卓越师范生教学新范式

以师范类专业认证为重要契机，不断深化卓越师范班课程教学模式改革，建设研讨型课程，倡导启发式、探究式、讨论式、合作式、参与式教学方法，构建"大班教学，小组讨论"课堂组织形式，完善"读写讲研"四位一体课堂教学模式；将现代信息技术融入课程教学改革，推进在线教学、线上线下混合式教学等；全面推进课程考核改革，完善"动态性-常规化"课程考核模式，实现形成性评价与终结性评价有机结合的专业考评模式。

（一）教育信息化的教学模式改革

随着科学技术的不断发展，教育逐渐呈现信息化的状态。21世纪以来，强调主体性建构学习、社会性合作学习、实践性情境学习，而单靠传统的课堂，难以承载教育信息化的要求。教育部印发的《教育信息化2.0行动计划》明确指出："推动教师主动适应信息化、人工智能等新技术变革，积极有效开展教育教学"，"创新师范生培养方案，完善师范教育课程体系，加强师范生信息素养培育和信息化教学能力培养"。

教育信息化的教学模式，强调的是学生对学习内容的意义建构、自主探索学习和互动协作学习。它能够充分调动学生的感官，增强教学内容的新颖性与趣味性，应用灵活多变的方法和系统技术调动学生的学习兴趣，使学生能主动、积极地学习，使学生思维活跃、思路开阔。在教师资格考试大背景下，为了更好地调动师范生的学习兴趣和积极主动性，高校应增加课堂教学的实效性，应对师范生的课堂教学进行信息化与多元化的改革。

1. 完善微格教学

高校引进微格教学、模拟化教学，不仅要结合理论知识对师范生进行教案设计、PPT课件制作、讲课、评课等训练，还应对师范生进行微格技能训练。应要求每个师范生至少要经过3~4次微格教学技能训练，每次讲课8~15分钟，每次训练2~3项教学技能。

帮助师范生感受真实的教学情境，通过课堂教学过程录像资料的重播，让师范生对自身有更真实全面的认识，从而反思自身课堂教学行为的不足，以修正自己的教学，提高实践能力。同时还可聘请中小学优秀教师对师范生进行指导与点评，使师范生能够在具体的教学环境中，理解所学的教育教学理论，熟悉中小学的课堂教学，在试讲环节，能够游刃有余地应对。

2. 引进 MOOC 教学

在全球化与信息化的大背景下,信息与知识的来源更加广泛、更新速度更快,教师与课本不再是学生知识的唯一来源,仅仅靠教师传授的知识无法满足当前学生的需要。MOOC(massive open online course)即大规模开放在线课程(简称慕课),在线意味着世界上每个角落只要有互联网就可以享受教育资源,开放意味着课程与教学资源向所有人开放,强调教育资源的共享性。慕课最大的优点就是拥有丰富的优质教育资源,慕课的引进可以让师范生听到重点大学名师的课,使师范生能够享受到优质的教育资源。慕课的另一个优点是课程设置的灵活性,慕课的教学视频一般比较短,人的注意力一般维持在 15~20 分钟,便于学生注意力的集中,能够有效地提高课堂的教学效率。高校应引进慕课教学,让师范生根据自身的情况选择适合自己的慕课,高校应支持慕课所修学分,同时探索线上与线下混合式的教学模式,以利于因材施教地培养师范生个性化发展。

(二)大力推广探究式教学

师范类专业认证积极推动以师范生为中心的教学方式方法改革,推进以"自主、合作、探究"为特征的研究性学习,着力提升师范生的学习能力、实践能力和创新能力。探究式教学的优点在于能够调动学生的学习兴趣,增强其学习的积极性与主动性,提高学习效率。在探究式教学中,教师是学生学习的引导者,基本任务就是启发与诱导,学生是探究者,主要任务是发现新事物。这种教学方式能够让学生在参与的过程中,既学习理论知识,又提升实践能力。正如苏联教育家巴班斯基所说:"只有教和学这两个过程在相互联系中发挥作用,教学过程才能收到良好的效果。"探究式教学的有效实施,需要教师完成两个转变。首先,要完成角色的转变,由知识的传授者转变为学生学习的引导者和学生发展的促进者,由课程的忠实执行者转变为课程的建设者和开发者,由原来的"教书匠"转变为教育教学的研究者和反思的实践者。其次,要完成行为的转变,在师生关系上强调尊重和赞赏,在教学方式上强调帮助和引导,在对待自我上强调反思,在与其他教育者的关系上强调合作。只有将传统的"填鸭式"教学方式转变为以学生为中心、以讨论思考为主的发散思维的启发探究式教学,才能真正意义上实现以学生为本的教育教学方式的改变。

四、全程化的卓越师范生教育实践改革

由于师范生的实践能力是一个长期的养成教育,所以应该以教师专业化为导向,强化实践取向,构建全程化、全方位的教师实践机制,建立制度化、规范化的实践教学体系,帮助卓越师范生实现理论与实践的深度融合。要围绕培养目标和毕业要求,系统设计教育见习、教育实习、教育研习等相互贯通、有机联系的

实践教学环节，融合师德体验、教学实践、班级管理实践和教研实践等内容，做到技能训练四年不间断，教育见习三年不间断，实习延长至一学期。构建专题见习、教育实习、课题研习三位一体的实践教学体系，将卓越师范生实践教学训练贯穿于大学四年，使学生在真实的教育情境中理解教育理论，用理论分析教育现象，从实践场域中提炼教育问题，以学习者、实践者、研究者的身份进行深入的思考，为解决教育问题寻找理论依据，使理论学习、教学实践、教育研究三者自然地融为一体。同时，高校还应与中小学建立合作伙伴关系，利用自己的理论优势引导基础教育的发展。在师范生入学时，应开展专业认知教育，使师范生对自己的专业以及所需要的知识能力和素质有基本的了解。同时为了提高师范生的实践教学能力，应开设普通话与语言艺术课以及粉笔字、钢笔字书写训练课，组织开展各种各样的技能大赛与课外活动，组织师范生观摩和熟悉中小学课堂，使师范生了解当前中小学教育教学的基本情况。

（一）创建实践情境，丰富实践体验

依据建构主义理论，师范生实践性知识的获得需要将大学学到的理论知识与技能技巧针对不同的教育情境进行再加工与再创造。澳大利亚在教师职前培养阶段，就特别重视丰富职前教师的实践体验，并提出"体验式参与"。以"体验式参与"为主导思想，设置了互动式课程、层层递进式教育实习、反思日记等措施丰富职前教师的体验。

首先，对师范生进行职业理想教育和职业规划，丰富师范生的实践体验。当师范生有了自己的职业理想和追求，就会对教育见习、教育实习有更深刻的认识，也会改变传统的实习方式。例如，采取顶岗实习与学习相结合的方式，不是简单地把实习生分成两部分，一部分去偏僻地区当顶岗教师，另一部分去较好的学校当旁听生，而是把所有的师范生先送到环境、师资较好的学校去学习，在观摩优秀教师如何上课的同时，激发师范生强烈的从教愿望，然后把师范生送到稍微偏远一些的地区进行顶岗实习，给师范生充分展示自己、锻炼自己的机会。通过创设丰富的实践情境、构建多元化的实习模式，从理论到实践进行探索来丰富师范生的实践体验。可以建设模拟教学实验室，通过课程点评系统，形成互动实验教学模式，使师范生在亲身经历的体验中，完成教师教育课程学习。

其次，加强对师范生心理方面的辅导，适当地调适实习生课堂教学心理应激反应水平。通过访谈发现，很多师范生虽然对教育见习、教育实习有正确的认识，但是由于缺乏自信，上课时容易出现心理紧张的情绪。所以应在实习前加强对师范生心理方面的辅导，在实习过程中应正确地引导师范生钻研教材、熟练掌握教学内容，养成认真备课的好习惯。有了充足的准备，就会缓解师范生上课紧张的心理。同时，加强试讲练习，分析师范生教学中常见的问题并给予有针对性的指导。

（二）实行一对一教学技能训练

为了了解我国师范生培养现状和把握未来中国教师教育的特性与方向，有学者对"师范毕业生对自己目前最需要提高的能力"和"用人单位对师范毕业生还需提高的能力"这两个问题进行调查，调查结果显示，大部分师范毕业生最想自己有所提高的能力是教学技能，其次是专业素养。用人单位认为，师范生最需提高的方面也是教学技能，这与师范生自身的诉求基本一致。由于技能训练是一个长期的过程，所以师范生的技能训练应该贯穿于大学四年来进行，将教学技能训练日常化。如果条件允许，应对师范生实行一对一的教学技能训练，让每一个师范生都有自己专门的技能指导教师，在不影响正常教育教学的情况下，具体指导的时间、地点、方式可以由学生与教师沟通灵活决定。除了一对一的技能训练之外，学校还可以通过开设专门的技能课来提高师范生的实践能力，也可以通过组织观摩优秀教师的课堂教学视频、举办教学技能大赛等途径来提高师范生的实践能力。

（三）加强实习基地建设，强化"三级指导"

教育实践基地是协同育人的主阵地。高校应该与实习学校建立伙伴关系，增加实习环节的指导力度。改变以往在大学课堂上进行师范生教育的封闭模式，打通高校与中小学的围墙，把高校与中小学引入到一个开放、持续和共同参与的变革框架中，促进双方的互动、融合、优势互补，实现高校与中小学的无缝对接。例如，在土耳其开展的教师教育课程改革中，最重要的一项措施就是增加实习环节的指导力度。土耳其教育主管部门认为，师范生在大学时所学习的课程和他们以后将要面对的真实教育情景是有差距的，所以土耳其特别重视对师范生实习的指导。除了保证师范生教育实践之外，还要在中小学教育研究、校本课程开发等方面开展合作。

高校的师范生教育发展离不开中小学的支持，高校应直面中小学及其课堂中发生的现象和事件，指导中小学解决发展过程中所遇到的困惑与问题。高校应积极主动地去适应基础教育改革的发展与需要，为中小学的教育教学改革与发展提供服务与切实可行的指导，在平等互利的基础上与中小学联手共建稳定的实习基地，保障师范生能够得到高校实习指导教师、所在实习学校指导教师、当地教研员教师三级的指导，促进师范生实践能力的提高。

高校应当建立教育见习—微格训练—模拟训练—专业实习—毕业实习—毕业论文（设计）"六位一体"分年级全过程卓越师范生实践教学体系，对实践教学任务和目标进行分段设定，为卓越师范生提供教学基本功、语言表达能力、班级管理能力、教学研究能力等全方位的训练，确保实践教学有鲜明成效。高校要加强建立高质量、稳定的实践基地，健全教育实践经费保障机制，按照上级有关文件精神切实落实师范生教育实践不少于一整个学期的制度。建立合理的教育评价机制，对师范生"实践前—实践中—实践后"提出明确要求。高校还要加强教育实践管理信息系统平台建设，借助信息技术来改进教师的教学方式和师范生的学习方式，加强师生之间的交流，提升师范生利用信息技术的能力，提高师范生的教学水平。

五、多元化的卓越师范生教学评价改革

评价是对培养过程的有效检验，依据一定的标准对高校人才培养的质量与效果做出客观的评价与科学的判断，进而对高校能否达到预期的培养目标起到监控作用，为学校人才培养方案的完善、教师教学的改进、学生学习方法的改变提供依据。在师范类专业认证和卓越教师培养计划 2.0 背景下，师范院校应综合运用形成性评价与终结性评价、自我评价与他人评价、量化评价与质化评价等多种评价形式，引入档案袋评价，全程、动态地监测卓越师范生专业实践能力的发展，从而提高高校人才培养的质量。

（一）多元化的评价类型

改变传统单一的终结性评价方式，将形成性评价与终结性评价相结合，探索有利于学生个性发展的多元化评价方式。可以尝试减少理论课比重，增加实践类课程比重，推动各种形式的学分转换，通过阶段考核进行学分累加，将教学评价落实到每一节课中。减少期末考试成绩在总成绩中所占的比重，增加学生通过研究探讨所得过程性成绩在总成绩中所占的比重，通过课程结业设计等方式进行考核。由于考核方式会引导和制约学生的学习方式，所以即便是考试科目，也要减少死记硬背类型的题目，增加开放性与探究性的题目，以此避免学生临时抱佛脚进行突击学习和应付学习。在日常考核中，可以将考核方式与教师资格笔试相对接。教师资格面试的具体步骤是先抽题，在规定的时间内备课，然后试讲与答辩。为了让师范生熟悉这样的考试方式，锻炼其心理素质与分析教材的能力，在平时教学设计与教学实施类课程的考核中可以采用这种考核方式。同时，为了营造考核氛围，可以开放课堂，允许其他教师与同学听课。这样的考核方式不仅可以锻炼师范生的心理素质及表达能力，也能够间接督促师范生日常的自主学习，使其比非师范生更快地适应教师资格的考核方式。

（二）多元化的评价主体

落实《普通高等学校师范类专业认证实施办法（试行）》，构建中国特色、世界水平的教师教育质量监测认证体系，分级分类开展师范类专业认证，全面保障、持续提升师范类专业人才培养质量。推动高校充分利用信息技术等多种手段，建立完善基于证据的教师培养质量全程监控与持续改进机制和师范毕业生持续跟踪

反馈机制以及中小学、教育行政部门等利益相关方参与的多元社会评价机制，定期对校内外的评价结果进行综合分析并应用于教学，推动师范生培养质量的持续改进和提高，形成追求卓越的质量文化。学生是学习的主体，学生最了解自己知识技能的掌握情况，同时在师范生的实习中，反思的重要途径就是评价，所以学生的自我评价非常重要。学生客观的自我评价可以避免教师评价的主观化，同时也能够让学生发现自身的优缺点，所以应该让学生参与评价，实现主观与客观相结合、自评与他评相结合、质性指标与量化指标相结合。同时，高校应该建立良好的校际、院际关系，建立校内外评价相结合的评价体系。让教育质量接受社会的评价、教育成果接受社会的检验、教育决策接受社会的监督，最大限度地吸引社会资源进入学校教育。与相关院校以及社会评估机构等实施互相评价或被评价，真正地将教师教育人才培养放置在一个开放的培养体系中进行检验，借此不断地完善和发展本校的教师教育人才培养模式。

（三）多元化的评价内容

传统评价只注重显性课程的评价，往往忽视了隐性课程的评价，从而造成很多学生高分低能的现象。"高分低能"除了是对高校理论与实践相脱节的培养方式的一种讽刺，也体现出分数是不能客观地评价学生的能力与素质的，所以高校应该丰富评价内容。实践性的课程大多属于隐性课程，而当前对于见习的效果和实习的成效并没有一个很客观的评价标准。为了提高师范生的培养质量，应该从学术研究、技能知识、文化知识等多个方面进行评价，降低理论考试的分量，突出教育实践类课程的考核，强化教育技能的考核，重在考查师范生解决实际问题的能力，倡导采用教育问题案例分析、调研报告、教学项目设计等多种方式进行评价。同时，允许参加各类竞赛和科技创新的学生获得一定的学分，免修相关课程，以激发学生的潜能，使其更积极地进行自主性、创造性的学习。

第四节　卓越师范生教育的基本导向——从合格走向卓越

一、走向内在融合的卓越师范生教育政策改革思路

（一）卓越师范生教育的专业修为：从实践感悟到理论自觉

卓越师范生教育的专业修为从实践感悟到理论自觉的转变，主要体现在从教师专业发展向教师发展的转变上。教师专业发展着重的是专业，对教师发展有所限定；而教师发展着重的是人，考虑的是一个人的全面发展。

在教师发展中提倡教师信仰，提升教师发展的自觉性。教师发展的自觉性有利于教师树立教育信仰和科学的教育观念，使教师自觉将职业规划作为生涯规划

的重点，不断自我完善、自我激励，获得职业幸福感。我国著名教育家叶澜提出：
"教师的成长要达到一种生命的自觉，提升并加强教师成长的自觉性，实现教师自
我更新。"突破昨天，超越今天，挑战明天，只有这样，教师的教学水平才能不断
地发展，教学风格和教学艺术才能不断地提升，教师的专业修为才能逐步从实践
感悟走向理论自觉。

（二）教育的组织形态：从一元组织走向多元组织

以往的师范生教育组织形态主要表现出一元性的特点。一元性的师范生教育
组织形态指的是以大学为一个组织，或是以中小学为一个组织。以往职前教师教
育主要存在于大学内部，职后的教师教育主要是以中小学为单位或者以区县市为
单位的内部培训，职前教师教育与职后教师教育是分裂的、分离的。

随着社会的发展，一元性的师范生教育的组织形态已经不能满足教师的发展，
卓越师范生教育组织形态逐渐体现出多元性的特点。卓越师范生教育多元的组织
形态有教师自我研修、教师与同伴之间共同发展研究、教师与家长之间交流沟通、
教师与学生之间教学相长等。教育是社会的一部分，卓越师范生教育的发展与社
会的发展紧密相连，教师的发展在不同的时间、空间以及不同的场域下形成了卓
越师范生教育多元的组织形态。卓越师范生教育多元的组织形态是以大学为中心，
与社会、政府、中小学、家庭之间形成生态圈，是一种多元的生态组织。不同的
组织形态有着不同的功能。例如，对于如何体现教师与学生之间教学相长，《论语》
云："三人行必有我师，择其善者而从之，其不善者而改之。"这样教学相长的过
程就形成一种组织形态；又如，对于如何知晓家长对教师和学校的想法和建议，
从领会家长想法的角度看，教师在具体做法和双方关系的处理上就形成了一种组
织形态，这也是教师专业发展自我研修的一种形态。

（三）卓越师范生教育的核心价值：从教师道德到教师信仰

传统的师范生教育的核心价值关注教师道德层面。教师道德是指教师在从事
教育工作中应该具有的道德观念、情操和品质。现代的卓越师范生教育的核心价
值关注教师信仰。教师信仰是指教师在从事教育工作中形成的职业信仰、责任感
和使命感。

一般的教师发展奠基于教师道德，而卓越的教师发展要树立执着、坚定的教
育信念。冯友兰先生提出人生四种境界：自然境界、功利境界、道德境界和天地
境界。普通教师生活在自然境界、功利境界和道德境界中；而卓越教师生活在天
地境界中，不仅破除了功利境界中的"小我"，也同时破除了道德境界中的"他人"，
是天人合一的境界，是心物一体的境界，是超越道德境界到达教育信念境界，是
人生的最高境界。将天地境界巧妙地运用到教师教育核心价值中，就是生命自觉
的发展境界。

教师教育哲学即教师在教育观上有自己独特的教育哲学（包括如何看待教育、如何看待学生以及如何看待师生关系），进而影响学生观（是成年人对小孩的规训和命令，还是平等交流对话式的亦师亦友）。教师的教育哲学包括对知识技能的传授，更包括信念层面交流式的互动生成，这些都会直接影响教师的课程观和教学观，进而影响班级的管理和学校的管理。

我国著名教育家叶澜再三强调，没有对教师职业的爱很难达到对教育事业执着的境界。同时她也提出："教师专业内在的尊严和职业的欢愉，即教师的快乐和幸福感。"例如，被授予"人民教育家"的于漪，耄耋之年依然活跃在语文教学改革的第一线，坚守"在讲台上用生命唱歌"。她深爱着学生，痴迷于语文教学。"我做了一辈子教师，但一辈子还在学做教师！"她用这样的话语不断地鞭策自己，也勉励着更多的青年教师。耄耋之年依然进行教学实践，不只是因为教师职业道德的规范和要求，而是自身要达到的一种生命自觉。教师的核心价值要达到一种生命自觉，达到信念层面，才能从根本上促进教师的发展、教师教学水平的发展，才能走向卓越教师的发展，对其他教师起到引导和示范的作用。

二、走向模式统合的卓越师范生教育政策运行机制

（一）卓越师范生教育的研修模式：从自上而下走向合作学习

自上而下是指教师专业发展从原来的仅仅在大学中研修走向中小学，走向模拟式研修，是一种从知识教育走向综合教育，从"象牙塔"走向"田野"的模式。

卓越师范生教育研修模式从自上而下走向合作学习有两个方面的原因。一方面，教师的职业不仅是个体劳动，更是集体劳动，教师需要彼此学习、相互欣赏、相互砥砺，就像《学记》中所说的"如切如琢"。教师的研修模式应在多元互动、取长补短中，在磨合对话和交流中产生；另一方面，现在的中小学公开课经常叫作"磨课""研课"，就是让教师在琢磨和研讨中实现合作学习，卓越师范生教育的研修模式从自上而下走向合作学习是完善教师教育制度的必然趋势。

（二）卓越师范生教育的培养机制：从零散无序到整合有序

以往的师范生教育培养机制体现出零散无序的特点，大学和中小学的培训机制是分裂的、零散的。师范生毕业实习几周就进入岗位就职，这种教师培养方式是低效的。

卓越师范生教育培养模式之所以走向整合有序是因为教师的专业发展是有规律的。有学者梳理了国外教师教育专业的发展状况，国外对教师专业发展阶段的探讨从以下两方面着手。一是从教师专业素养形成和成长过程来划分，研究教师的教学重点、工作需求、教师信仰、专业成长需求和教学能力成长差异的阶段性成长规律。例如，美国的福勒将教师专业成长分为四个阶段：入职前阶段、初任

教师阶段、教学实践阶段和注重学生成长阶段。二是从把教师作为一项事业的整体成长来划分，按照从业年限来探讨教师在历经职前、入职、在职以及离职的四个教师成长过程中所显现的阶段性成长规律。例如，美国研究者费斯勒将教师专业成长分为八个阶段：入职前阶段、入门指导阶段、技能构建阶段、热爱和自我发展阶段、职业挫败阶段、职业倦怠阶段、重新焕发和自我更新阶段以及退出职业阶段。从西方教师专业发展和我国教师专业发展的探索实践中发现，建立一套连贯有序的培养机制，将会促进卓越教师的发展。教师教育培养机制体现出整合有序的特点，主要表现在进行教师职前、职后以及职前职后一体化的系统培养。整合有序培养机制的建立是以提高教师专业发展为目标，促进教师培养过程中管理制度的建设，加强教师教育质量保障机制的建设，合理配置教师教育资源，引导教师和学生主观能动性的发展，更加高效地培养教师的创新能力。高校与中小学合作，将师范生的职前培养、中小学教师的入职教育和在职培训统一起来。

（三）卓越师范生教育的改革路径：从单级改革走向协同创新

以往的单级改革就是大学内部关起门来办大学，实行内部改革（包括调整课程等），无法延续卓越师范生教育的发展。社会是多元的，现如今卓越师范生教育改革与社会对接，大学、政府、中小学、教师进修学校、家长群体都属于社会的一部分，卓越师范生教育改革走向应以教师为主体，与政府、中小学、培养单位、家长群体之间形成一种多元化的、协同创新的改革路径。

各县区教研员是政府、大学、教师进修学校、中小学四者之间沟通的媒介，缺少教研员会使政府、大学、教师进修学校、中小学之间沟通不畅。为了解决这一问题，应注重发挥教研员的作用，使其能够更好地促进各职能机构之间交流合作，并逐步走向协同创新。同时，协同创新是多元化的，不单单指在大学、中小学和政府中合作学习和发展，还应该在教师进修学校以及家长群体中发展。例如，让家长委员会参与到教师培养中，提高教师的"家校"沟通能力和协同创新能力。

三、走向多元合作的卓越师范生教育培养模式

（一）卓越师范生教育培养模式的组织手段：从校本培训到校本教研

以往教师培养模式的组织手段通常是一种集体的校本培训，规模较大，培训方式多关注于邀请学术专家、教授进行"满堂灌"，这种培训方式难以引起教师思想上的共鸣，难以改变其根深蒂固的教育培养模式，收效甚微。现在的教师教育培养模式的组织手段以校本教研为主。校本教研是基于教师组织和教师主体的一种教师学习共同体。校本教研与校本培训存在本质上的差异，在校本教研中，各领域的高水平专家、教授提供针对性较强的帮助和指导，教研的主要内容是教师在教学实践中碰到的现实问题，教研实施的主要形式是教师之间共同研讨、沟通

分享实践的成果，进而进行总结和反思，这样的校本教研更注重于教师自身主体性的发挥。同时，校本教研是基于草根的、基于教师自然生态的发展。生态化校本教研着重强调教师的重要性，这也是为何要将生态这一生物学名词用于教育领域的关键所在。生态化校本教研，亦可称作生态化实践，是指教师在一定的学校环境下生存和发展的状态，包括教师的心理特征等。所以，基于教师发展形态、基于组织生态学，校本教研是在学校自然环境中以及教学中发现的真实问题，同时引入校外专家指导和引领，通过校内与校外教师生成互动，激发教学创意、教学思想等，引领教师教育更好发展。

（二）卓越师范生教育培养模式的课程方式：从注重理论性知识走向加强实践性课程改革

不少师范院校长期存在教师不懂中小学教育教学规律，缺乏中小学教育教学实践和经验的现象，出现了教师只顾照本宣科地大谈书本中的概念、原理和条条框框的现象。教育理论与教育实践被割裂，教育实践活动在这里被排斥，整个课堂成为教育理论的讲座课。还有不少师范院校对学生教育实习管理不严格，学生实习的有效性大大降低。

教育部发布实施的《教师教育课程标准（试行）》基本理念中强调："教师教育课程应强化实践意识，关注现实问题，体现教育改革与发展对教师的新要求。教师教育课程应引导未来教师参与和研究基础教育改革，主动建构教育知识，发展实践能力；引导未来教师发现和解决实际问题，创新教育教学模式，形成个人的教学风格和实践智慧。"教师教育的课程应着重关注育人和实践。在教师教育课程设置上要注意以下几点：首先，要强化实践的意识，关注现实的问题；其次，加强实践性课程，提升实践性课程的时效性；再次，课程的设置是要帮助师范生构建实践性知识，未来教师的实践依赖的是实践性知识；最后，课程的设置应指引师范生加入教育改革的研究中，自主构建知识框架，发挥实践能动力。可见，卓越师范生培养模式的课程方式逐渐向实践性课程改革发展。

当然，强调实践性知识并不是要忽视理论性知识，理论性知识是用来指导实践的，应该将理论性知识作为一种指导实践性知识的标准存在，从而提升实践的水平。

（三）卓越师范生教育培养模式的运行方式：从单向度培养走向"无缝对接"

以往我国师范生教育的培养模式过于封闭束缚，是一种单向度的培养模式。随着社会经济体制改革和科学技术发展带来的挑战，尤其是义务教育的普及和国民文化素质的提升，这种单向度的师范生教育培养模式暴露了其自身的局限性，无法协调多方面的平衡发展，促使我国卓越师范生教育培养模式逐渐转向"无缝对接"。

"无缝对接"即实现教师教育的一体化，也就是关注于教师整个职业生涯中每个阶段的成长，目的是增强教师职前和职后培养的连贯性。

教师教育一体化体现出教师发展的一种取向，也成为师范院校教师教育改革的基本取向。例如，西方的教师教育强调实践教学、建立教师专业发展学校，其目的就是解决理论与实践脱离、分裂的弊端，实现教师职前、职后发展模式的一体化。此外，传统的培养模式认为只关注教师职前的培养就能实现教师整个职业生涯的发展，这就与教师终身发展的理念相违背，教师教育一体化促进教师终身学习体系的构建。因此，一体化式的"无缝对接"是教师教育发展模式的显著趋势。

师范院校除了通过制定人才招聘和管理政策吸引教师教育类课程教师之外，还应聘请优秀中小学教师担任高校兼职教师，发挥他们的优势，让优秀中小学教师加入卓越师范生培养工作当中。同时，高校要鼓励教师深入中小学进行实地锻炼，提升高校教师的实践能力。

四、走向多方和谐的卓越师范生教育政策评价

（一）卓越师范生教育政策评价理念：从职业化走向志业化

以往师范生教育政策评价理念关注教师职业化发展。职业化理念强调职业是生存的基础，是谋生的手段。现在卓越师范生教育政策评价理念关注教师志业化发展。志业化的理念强调志向和事业，能专心职业，是无所求的付出，已上升到信仰层面。从卓越师范生专业成长的角度看，评价的理念从职业化走向志业化，是超越职业化而向以终身学习为理念、以执着的教育信念为终极归宿的方向发展。

（二）卓越师范生教育政策评价方法：从重视教师数量到重视教师质量

改革开放后，我国经济社会迅速发展，受教育者数量猛增，教师数量严重不足。针对当时中小学严重缺合格师资的情况，教育部在1980年公布了《中等师范学校规程（试行草案）》，以加强新教师的培养。20世纪90年代末，我国中小学教师需求量渐趋饱和（尤其是大中城市中小学教师数量饱和），同时实现"现代化"，应对"全球化"，也要求教育培养出具有创新精神和实践能力的人才，教师教育进入关注教师质的培养阶段。

过去师范生教育评价方法对教师质量的关注不够，单纯追求教师数量上的增加。现如今，我国为了满足教育发展，办好人民满意的教育，无论是城市还是农村，在城乡一体化的进程中都要办高质量的教育，而高质量的教育首先要有高质量的教师。因而，在我国卓越师范生教育评价的方法从质与量的分离走向质与量的合一。卓越师范生发展需要在满足数量的同时提升质量，卓越师范生教育评价方法需要质与量的合一。

（三）卓越师范生教育政策评价途径：从单向度评估走向课程协商

以往的师范生教育政策评价途径是单一性、单向度的评估，现如今的卓越师范生教育政策评价是多元参与式、民主式、对话式的课程协商，对未来教师的评价也绝不是单独由政府评价，而是由用人单位、基层中小学、家长、教师教育专家和基层教育行政人员共同评价。

协商课程着重关注师生之间的分享，它旨在释放教师和学生的自由，充分发挥二者协商的权利和义务。协商课程研究者以建构主义、实用主义、人本主义、批判教育学等为理论来源，对协商课程的价值、达到的目的、协商的内容、实施的方法以及之后的评估作了富有创意的阐释，从而丰富了后现代课程研究话语。

课程协商包括教师民主互评、自评、家长评价和学校评价等，每个主体的评价都占有一定的比例、指标和权重。例如，对学校的评价家长不一定认同，需要相互协商，让民主的力量渗透进去。

第二章 立德树人是卓越师范生培养的立身之本

在新时代卓越师范生培养过程中，不仅应使其能够掌握从事教师职业所需要的专业知识与技能，而且需要其能够拥有高水平的思想品德。立德树人是卓越师范生培养的立身之本。在人的成长与发展过程中，德育是首位的。如果人的思想品德出现了问题，那么通过教育培养出来的人的才能越出众，对社会造成的危害与破坏就越大。对师范生进行思想品德培养的目的，就是让其能够拥有正确的政治思想以及良好的法治素养、道德品德和心理品质。

高校要注重对师范生进行卓越教师"素养"气质的培养。一方面，高校要注重校园文化建设，营造良好和谐的育人氛围，激发师范生对学校的热爱和学习兴趣，进而激励他们树立长期从教的信念；另一方面，高校应当主动邀请地方优秀中小学校长、教师定期做讲座、开论坛，通过言传身教，让师范生感受名师的人生追求和教师的职业精神，引导师范生塑造人格魅力。同时，高校要注意和校外、国际接轨，构建开放、灵活、自主的卓越教师培养体系，开展"跨国（境）、跨校、跨学科"的交流形式，按照全额资助、部分资助、自费学习分类资助办法，每年资助一定比例的实验班优秀师范生到校外、海外交流学习，拓宽其视野，提高其发展潜质，丰富其学习经历。

第一节 师范生师德教育相关理论及存在问题

一、师范生师德教育的相关理论概述

（一）师范生师德教育的主要内容

2008年9月，教育部修订了《中小学教师职业道德规范》，其核心内容体现了教师职业特点对师德的本质要求和时代特征，"爱"与"责任"是贯穿其中的核心和灵魂。这一职业道德规范既反映了新形势下经济社会和教育发展对中小学教师应有的道德品质和职业行为的基本要求，又继承了我国的优秀师德传统，必然成为师范生师德教育的主要内容。

1. 爱国守法——教师职业的基本要求

爱国守法是教师处理其与国家和社会的关系时应遵循的原则性要求，热爱祖国是每个公民，也是每个教师的神圣职责和义务。一名师范生要想将来成为一名

合格的教师，首先要具备一名合格公民的道德素养，其次要全面贯彻国家的教育方针，自觉遵守教育法律法规，依法履行教师职责权利。"爱国守法，以德育人"是教师履行教育劳动必备的首要职业素养，也是对师范生开展师德教育必不可少的重要内容。这一内容要求在师范生师德教育过程中要融入爱国主义教育和法治教育。这意味着师范生在接受师范教育的过程中，不仅要自觉遵守《中华人民共和国宪法》，还要认真研读《中华人民共和国教育法》《中华人民共和国教师法》《中华人民共和国义务教育法》《中华人民共和国未成年人保护法》《中华人民共和国高等教育法》等法律法规，通过学习教育法律法规知识，始终将教师的神圣职责和义务牢记于心，使今后的教育教学活动符合法律和道德的底线要求，不得有违背党和国家方针政策的言行。

2. 爱岗敬业——教师职业的本质要求

爱岗敬业是教师处理其与教育事业的关系时应遵循的原则性要求。"志存高远，爱岗敬业"是作为教师应当具有的最高师德，决定教师教育实践活动的方向，是师德教育的根本，其深刻地指出了"人民教师的神圣职责，就是传授知识，传承民族精神，弘扬爱国主义，为祖国和人民培养合格人才"。教师要忠诚人民教育事业，积极引导和帮助青少年树立正确的世界观、人生观、价值观，教育他们立志成为中国特色社会主义建设的栋梁之材。因此，师范生要想将来成为一名合格的人民教师，首先应该将爱岗敬业作为教师的第一守则。只有内心真正热爱人民教育事业，才能将育人的使命进行到底。爱岗敬业是师德教育的核心内容，只有爱岗敬业的人，才能在教师的工作岗位上勤勤恳恳，一丝不苟，不断钻研业务知识，为社会和国家做出更大的贡献。师范生将来要走上教师的岗位，必须先热爱教师教育事业，为教育事业甘于奉献自我，才能担负起为中华民族培养人才的重任。

3. 关爱学生——师德的灵魂

关爱学生是教师处理其与学生的关系时应遵循的原则性要求。关爱学生是师德修养的理想境界，是教书育人的前提和起点。有教师关爱的地方，才有真正的教育存在。教师对学生施以关爱，学生才会亲其师，信其道。每个学生都是上天派来的天使，他们在成长过程中需要教师给予积极的影响和正确的引导，这需要教师尊重学生人格，平等公正对待每一个学生，既要严慈相济，又要做学生的良师益友。关爱学生是每位教师的天职，也是教师必须具备的情感品质。关爱学生要做到尊重学生、理解学生、信任学生。教师从行动上真正做到了关爱每一个学生，才会看到学生身上惊人的变化。学生会不知不觉对学习产生兴趣，进而转化成内在的学习动力，用学业进步去回报教师的付出；教师感受到这种力量后也会去努力发现每个学生身上的优点，找到最合适的教育教学方法，从而达到一种教学相长的效果。关爱学生，是师德教育不可缺少的内容，师范生应该学会和学生建立良好的师生关系，要始终相信世界上唯有爱才能感化一个人。学会关爱自己的学生，会让人收获意想不到的惊喜。

4. 教书育人——教师的根本任务和天职

教书育人是教师在处理其与职业劳动的关系时应遵循的原则性要求。教师在传授专业知识的同时，以自身的道德行为和人格魅力，言传身教，引导学生树立正确的人生观、世界观和价值观，教导学生学会为人处世。教书和育人二者相辅相成，互相促进又各自独立。教书容易育人难。教师在教书育人的问题上，要摆正位置，不能仅仅以学生的成绩来评价学生的优劣。教育其实最重要的还是教会学生如何做人，教师要用发展的眼光看待学生，有些学生一时难以取得成绩上的进步，就多给他们一些时间和指导，千万不能打击他们的自信心和积极性，应多多鼓励他们朝着好的方向发展。成绩不能说明一切问题，一个学生学会在生活中帮助困难同学，乐于助人，品行善良，道德高尚，这也是一个教师育人取得的教学成果，值得社会尊敬。教育是为社会主义现代化建设服务的，目的是培养德、智、体、美、劳等全面发展的社会主义事业的建设者和接班人。因此，教书育人是人民教师的核心任务。师范生作为未来的人民教师，要明确自己身上的重任，不仅要教给学生知识，还要注重学生德、智、体、美、劳等方面的发展，激发学生创新精神，特别是教会学生如何待人处世，如何成为道德修养高的公民。教书育人是时代赋予教师的天职，师范生的师德教育要紧紧围绕教书育人的核心内容展开。教师应怀着满腔热血把教书育人的工作做好，不辜负人民和社会的期望，不辜负人类灵魂工程师的光荣称号。

5. 为人师表——教师职业的内在要求

为人师表是教师在处理其与自身形象的关系时应遵循的原则性要求，也是教师职业道德区别于其他职业道德的显著标志。为人师表就要以身作则，身教重于言教。孔子说："其身正，不令而行；其身不正，虽令不从。"只有教师以身作则，学生才能不令而行，不言而化。为人师表就是要求教师从言行到举止，从外表到心灵，从课堂内外到学校内外，在各个方面率先垂范，做学生的榜样，以最佳的思想境界、精神状况和行为表现，以自己的人格魅力和学识魅力，潜移默化地教育和影响学生，从而实现为党育人、为国育才的神圣使命。教师要作风正派、廉洁奉公，自觉抵制有偿家教，不利用职务之便谋取私利。我国著名教育家叶圣陶说过："教育工作者的全部工作就是为人师表。"这不禁让人联想起另外一句话：教师是学生的镜子，学生是教师的影子。师范生时期是培养教师道德素质和行为养成的重要时期。这一时期的师德教育对师范生将来能否为人师表起着铺垫作用。

6. 终身学习——教师专业发展的不竭动力

终身学习是教师在处理其与自身发展的关系时应遵循的原则性要求。终身学习是时代发展的要求，也是教师职业特点所决定的，是教师专业发展的不竭动力。终身学习是 21 世纪的基本生存素质，它应该成为现代教师的职业素养和习惯。教师必须不断强化自身学习，树立终身学习的理念。教师是人们眼中知识的化身和代表，承担着传播知识、教育祖国"花朵"的重任，为中国的社会发展提供智力保障和人才支撑。因此，教师要学为人先，与时俱进，做到生命不息，学习不止，始终走在学习的前列，率先成为终身学习的楷模，做适应时代要求的学习型教师。师范生作为一名未来的教师，从师范教育阶段起，就要崇尚科学精神，树立起终身学习的理念，不断更新知识内容，刻苦钻研业务，勇于探索创新，不断提高专业素养和教育教学水平。新时代的教师必须道德高尚，知识渊博，具备扎实的教学基本功，有终身学习和创新教育能力。师范生要把终身学习看作是教师的一种社会责任，一种自身发展的需求，最终成长为一名适应时代发展要求和符合教育发展趋势的新型教师。

（二）师范生师德教育的理论基础

1. 价值澄清理论

价值澄清理论是美国纽约大学教育学院教授路易斯·拉茨（Louis Raths）等提出并创立的一种道德教育理论。他们立足于美国社会现实基础，以大教育家杜威的生活经验论和人本主义心理学等为基石，提出了价值澄清理论。价值澄清理论是一种指导、促进价值观形成的方法，主张通过引导个体自主选择、反思和澄清多元价值观，帮助其形成稳定的个人价值体系。这一理论强调个体价值观塑造中的主体性，反对直接灌输道德原则。

根据路易斯·拉茨所著《价值与教学》中关于价值澄清过程的有关理论，可以将价值澄清过程分为三个阶段、七个步骤。第一阶段是选择，包括三个步骤：自由选择、从各种可能选择中进行选择、对每一种可能选择的后果进行审慎思考后做出选择。第二阶段是珍视，包括两个步骤：对选择感到满意、愿意向别人确认自己的选择。第三阶段是行动，包括两个步骤：根据选择行动、以某种生活方式不断重复。这三个阶段、七个步骤共同构成了一个较为完整的评价体系，其实质是选择、赞赏和行动。通过这一过程，人们的价值问题得到了评价和澄清，结果就是价值观。价值澄清模式的理论运用到实际教学活动中，可以产生以下几个方面的育人功能：降低不良行为的强度和频率；减少反叛和骚乱行为；提高自我概念和自信心；具有较成熟的价值观；学生学习风气日渐浓厚；改善人际关系；缓和个人压力；改善师生关系。

以上理论为师德教育要增强师范生的师德意志提供理论支撑，它强调师范生在面对社会的各种诱惑时，应不忘初心，坚定内心信念，做出正确的价值判断，并对自己的选择负责到底。通过学习和认识价值澄清理论，师范生在面临选择时能够及时澄清错误的价值观念，形成正确的价值观和人生观，避免错误思想的侵蚀，将高尚的道德价值观进行到底。运用价值澄清理论来解决实际师德教育生活中的现实问题具有十分重要的指导意义。

2. 威尔逊道德教育理论

约翰·威尔逊（John Wilson）的道德教育理论从哲学的角度来分析道德教育，把语言、概念与道德思维和道德教育联系起来，用语义分析的方法反对传统道德教育观念，力求改进传统道德教育方法，鼓励建立一种科学完善的道德教育体系，从而为学校道德教育寻求一种"新基石"。

在学校的教育实践中，威尔逊把反对权威主义的道德教育思想和实践作为自己理论建设的起点。首先，威尔逊强调思维能力的培养，而不是具体道德知识的灌输，为现代学校道德教育提供了一个新的立足点，把尊重学生的个性以及提高学生的各种道德能力作为重要的指导思想。其次，威尔逊提出道德的直接教学法，提倡道德思维的直接教学，主张把道德教育作为独立学科来开设，为学校实施道德教育课程提供了理论依据。同时，他对直接方法和间接方法的有机结合的强调，则提醒教育工作者从整体上把握具体方法的运用，具有指导意义。威尔逊强调个人生活经验、个人的实践在道德发展中的作用，突出道德教育的实践性特征和实践环节。威尔逊对道德的知、情、行三者关系的论述特别值得关注，其创导的"家庭模式"有助于消除家庭、学校和社会之间的隔阂，发挥情感因素的德育功能。最后，威尔逊在如何看待自律、他律和灌输等问题上有一些独到的见解，对学校道德教育实践有积极的参考价值。

以威尔逊的道德教育理论为基础，在解决师德教育的问题时要贴近学生实际生活，教育方法提倡直接教学法，要开设独立的师德教育课程，直接让学生学习专业的德育课程，根据学习内容合理安排学习，提倡互动交流，在学习和交流中学会尊重他人，理解他人。师范生在学习师德知识和接受师德教育的过程中，要始终重视师德教育的课程内容，在提升专业知识的同时，主动以教师职业道德的要求规范自己的行为，主动进行自我教育和自我完善。

3. 关怀教育理论

关怀道德教育理论是美国教育家内尔·诺丁斯（Nel Noddings）提出的以关怀为核心的道德教育理论。它被人们认为是继美国心理学家科尔伯格（Kohlberg）之后最重要的道德教育理论之一，在西方教育领域内得到普遍关注并在国际范围内产生了广泛影响。

诺丁斯将关怀视为道德教育的基础与核心，她认为：学校道德教育最重要的使命是教会每一个学生学会关心，必须有一种广角的教育引导所有的学生关怀自己，关怀身边的人们，关心人类，关心植物、动物、环境、工具和思想，这样定义的道德生活应该成为教育的主要目的；学校应该让学生对用心完成的每一种工作心存尊敬之情；为了相互关怀，每个人都需要一系列的关怀能力，但学校教育恰恰忽视了这一点。诺丁斯认为关怀是一种能力，也是一种责任，和教育密不可分，要求关怀者具备敏锐的观察力和情感回应能力。真正的关怀需要突破情感表层，形成具有道德深度的联结。每个人都需要关怀和被关怀，就如同每个人心中都渴望爱一样，这是人类的基本需求；而学校往往对学生太过严厉和苛刻，缺少人文关怀，对学生学习和生活中遇到的困难置之不理，不帮助学生解决实际问题。没有服务学生的意识，学生也就不易养成关怀他人的习惯，以自我为中心，这是学校德育的失责。

关怀道德教育理论主张师德教育要坚持"以人为本"的教育理念，尊重学生的主体地位，以"生"为本，时刻以关心学生的幸福为着眼点，让学生快乐学习、愿意学习，用心灵去感受知识的魅力；鼓励学生怀有批判性思维，敢于怀疑，主动和教师进行对话，构建正确的道德价值理念；主张学生多参与学校组织的社团活动，参加青年志愿者协会，通过走进养老院和福利院等社区服务活动来体会关怀老人、关爱儿童的快乐心理，让学生生活在充满关怀、充满爱的世界，意识到帮助别人、关爱别人是一件快乐的事情。关怀道德教育理论与"以人为本"的教育理念是相符合的，同时也体现了教师在教学过程中要为人师表，为师范生做好榜样，主动关心学生，学生感受到教师的关怀，自然而然就会采取行动完善自己，督促自己不辜负教师对自己的期望。总之，关怀德育理论为师德教育提供了一些可行性对策和建议，从学生内心最柔软的地方出发，以情动人，使学生感悟师德力量。

二、师德教育和卓越师范生自身的问题及原因分析

（一）师德教育存在的问题

1. 师德教育课程体系不完善

师范生师德的养成是一个深化认知、陶冶情操、磨砺意志、养成行为有机结合的过程，需要专门的师德课程作为载体。然而，反观当前很多高校的课程体系，教育专业课中强调教育学、教学法、心理学等课程，公共基础课仅有一门政治思想教育课，培养师范生良好师德的专门教师职业道德课程却被边缘化；同时，即便开设师德教育课程，所占课时也非常少，几乎不足以支持关于教师职业特点及师德规范要求的讲授，深入的师德情感体验和师德行为锻炼更是欠缺，显现出

师范类专业职业道德教育的大面积"荒漠化"倾向。

2. 师德教育内容缺乏创新性

目前，我国师德教育内容体系包含三个方面的内容，即教师职业道德原则、教师职业道德规范和教师职业道德范畴。首先，这种内容体系难以分清师德原则、师德规范及师德范畴的具体层次，使得师德教育内容在表述上缺乏层次性；其次，在教育教学实践中，师德教育的内容大多数停留在职业规范的层次上，如要求教师要学会教书育人、爱岗敬业、为人师表、关爱学生等，忽视了对教师职业道德范畴的研究，如教师公正、教师幸福、教师荣誉等。

随着基础教育课程改革的深入，高校开展的师德教育教学内容已跟不上时代发展的步伐，过于注重师范生的理论知识传授，忽视教学实践师德体验，导致理论与实践脱节。一方面，师范生不能将所学知识充分运用到实践中，不利于提高自身教学技能；另一方面，也不利于师范生专业成长。从师德教育内容的设置上来看，大部分师范院校将教育学、心理学、学科教学法作为培养师范生的专业课程，忽视教师伦理学、德育等课程的学习。师范院校要发挥师范特色，加强师德教育内容，强化师德体验。

3. 师德教育途径与方法不能适应社会发展

随着社会快速发展，经济、文化、科技等各方面都显现出日益多元的变化趋势，高校也应顺应时代潮流，探求多样化的教学方法，以满足师德教育效果的最大化。然而，当前我国部分高校的师德教育无论是在方法上还是在形式上都比较单一，影响了师德教育的实效性。具体表现有：教育途径单一，单纯依靠课程载体进行师德知识的传授，不注重结合校园特色文化创新性地开展趣味性浓、教育性强、感染力强的校园文化活动，忽视了寓教于乐的载体；教育实践环节薄弱，不注重组织适宜的社会调查、社会实践、社区服务，教育见习时间短，对学生教育实习中出现的问题缺乏相应的指导，实践效果不明显；教学方法陈旧，过分注重知识的硬性灌输，忽视了学生对思想道德基础及师德养成规律的适应，不能结合学生个性特点灵活地调整教学策略，教学效果不佳；教育手段更新慢，不注重结合科技的发展及学生需求的增长选用合适的教学媒体，影响师德教育的针对性和实效性。

4. 师德教育评价机制不完善

师范生师德教育的最佳效果是师范生在无监督的状态下仍然能达到知行合一，严格规范自身言行，符合一名好教师的标准。现阶段的师德教育效果与最佳效果相比还有差距。当前，部分师范院校注重师范生的专业理论知识和教学技能的培养，忽视师范生师德教育考核，缺乏有效可行的考核评价机制、明确的师德评价标准以及正确的师德评价方法，师范生难以自觉践行师德。另外，师范生师德教育存在有效监督管理的问题，使师范生产生懈怠心理，放松对师德的践行。总之，师范生高尚师德的养成是一个长期性的动态变化过程，完善的师德评价机制是师范生从他律走向自律的重要途径。

（二）师范生自身的问题

1. 师范生师德知识欠缺

一定的师德知识储备是师德养成的重要前提，缺乏必要的师德知识，师范生在将来走上教师岗位后面对错综复杂的教育情境，难以准确分辨何种行为是符合教师职业道德要求的，何种行为又是违背教师职业道德操守的。没有正确的师德认知，师德判断就无法形成，师德情感的培养、师德意志的磨砺以及师德行为的养成也就无从谈起。当前我国部分师范生的师德知识是欠缺的，尤其是与教师职业相关的法律知识。

2. 师范生教师职业情感淡薄

教师职业情感主要表现在两个方面：一方面是教师对自己职业的热爱程度，对于师范生来说，主要表现在热爱教育行业，能够在今后的教育岗位上尽职尽责，爱岗敬业；另一方面是教师对学生的关爱程度，对于师范生来说，主要表现在今后走上教师岗位后能够尽一名教师最大的努力去帮助、理解、关心和热爱自己的每一个学生。敬业爱生是师德情感的本质，即对教育事业的忠诚、热爱，对学生的热爱，这也是师德的主要内容。对于师范生来说，从教学实践实习中体验到的成就感是最能升华教师职业情感的。学生对教师的信任、肯定，能够最大限度地升华师范生的教师职业情感。师范生在结束教学实习时，最感到欣慰的就是学生对他们劳动成果的认可，因为当辛勤的汗水得到了回报，便觉得一切付出都是值得的。能够和学生结下深深的情谊，产生精神上的共鸣，会让更多的师范生选择教师岗位，并潜心钻研教学方法，更能够做到因材施教。但是，目前有些实习教师产生了职业倦怠感，对工作丧失了最初的热情，变得对学生不耐心，任意对学生进行体罚或言语上的侮辱，特别是对成绩不好的学生，更是完全放弃了对他们的教育，给予漠视或者放任自流。这些都表明实习教师放松了对自己职业情感的培养，找不到最初走上教师岗位的激情和热情，导致内心空虚，职业情感淡薄。

3. 师范生师德意志薄弱，师德践行能力有待提高

当前大部分师范生能够认可师德价值，展现出良好的师德愿望，但也存在师德意志不够坚定，师德行为习惯还未养成，对自身能够做到在将来的教育生活中遵守教师职业道德持不确定态度的现象。部分师范生在困难面前容易心生动摇，容易受其他因素的影响，在面临重要抉择的紧要关头，常常犹豫不决，不知道是

否该坚定自己的教师理想。有的师范生选择教师职业，是看重教师职业的安逸和寒暑假；有的师范生只是把教师职业作为跳板，还有的是受父母之命选择进入教师行业。没有教师责任感、使命感和光荣感做支撑，很容易产生职业倦怠感，一遇到压力和困难，就会选择逃避或者跳槽。师德意志不坚定的师范生，即使最后走上了教师岗位，也容易逃避教学压力和教学责任，往往也不会有什么大的作为。师范院校应综合采取各种措施，在培养师范生职业理想和情感的同时，更要重视师范生师德意志的磨砺与师德行为习惯的养成，切实提高师范生的师德践行能力。

（三）主要原因分析

综上所述，师德教育及卓越师范生自身存在上述问题的主要原因归结为以下几个方面。

1. 社会影响造成部分不良反应

分析师范生师德教育存在问题的原因，首先要考虑其所处的社会大背景。随着全球化进程的不断深入，我们正面临着来自世界各个国家不同文化价值观念的挑战。不同文化之间既可能和谐共处，如费孝通所言，各美其美，美人之美，美美与共，天下大同，也可能造成如亨廷顿所言的文明的冲突，而我们的师范生师德教育正处在这样一个两可的情境之中，各国之间的文化交流，使得我们有机会了解别国的师德培养模式，这在一定程度上促进了我国师范生师德教育的发展，但与此同时，当这些文化与价值同时向我们袭来的时候，我们也面临着前所未有的矛盾与困惑。在这样的浪潮下，西方国家所标榜的个人主义、享乐主义渗透到我国的价值观中，使我国传统文化中所信仰的集体主义、奉献精神逐渐被淡化。部分师范生在这样的文化冲击之下，表现出两种令人担忧的倾向：其一，没有了信仰，失去了理想，转而重名轻义，讲求功利，淡漠奉献；其二，自私自利，不参加集体活动，不帮助、关心他人，只着眼于个人利益的满足，刻意追求物质上的享受，讲求人生苦短，及时行乐。这样的价值误导，势必会影响师范生在精神境界上的追求，降低师德教育的效果。

2. 师范院校理念把握失之偏颇

师德是师范生全面发展为合格教师不可或缺的重要素质，师范院校承担着师范生的师德培养任务，因此师德教育出现种种问题，必然要从师范院校寻找原因。我国师范院校当前所进行的师德教育之所以存在形式单一、方法落后的问题，很大程度上归因于对教育理念的把握存在偏差，即重视教师的主导作用，忽视学生的主体参与。正如鲁洁教授曾指出的，我国目前的道德教育中存在着一种人学空场，即我国当前的道德教育是一种无人的教育。要知道道德教育的实质是道德教育对象在正确的价值引导下不断内化，并在原有的经验系统基础上自主建构的过程，忽略学生的主体参与及情感体验，脱离学生的生活经验，通过简单的问答、空洞的说教，对学生进行师德知识和规范的硬性灌输，只会禁锢学生的思想，扼杀学生的学习积极性。在这样的教育方式方法下，学生只能停留在对这些知识的肤浅理解上，无法与自身的生活实际相联系，也无法将其纳入已有的经验结构中，体会不到崇高的教师精神和深切的教师职业情感，将来走上教师岗位后，面对复杂的社会关系和各种教育教学过程中出现的突发事件，依然手足无措，存在严重的知行脱节。因此只有树立正确的教育理念，以学生为中心，围绕如何调动学生的主体参与、怎样唤起学生的积极情感体验等问题的解决来设计教学方法，组织教育活动，才能真正提高师德教育的实效性。

3. 师范生对提高师德修养兴致不高

由于受到各方面的影响，并不是所有师范生将来都准备走上教师岗位，部分有其他就业意向的师范生认为既然不当教师就完全没有必要培养师德；还有部分有从教意向的师范生主张在校期间应努力学习教师专业知识和教师职业技能，以便在教师招考中能脱颖而出，顺利找到工作，师德的养成完全可以在新教师的入职培训中完成；甚至还有一些师范生对师德的重要性意识不到位，认为博学多识、教学能力强对教师才是最重要的，师德修养高不高无关紧要。在种种错误思想下，一些师范生对师德的学习积极性不高，不注重把握师德内涵、内化师德精神，更不愿意积极强化自己的师德意志、培养良好的师德行为习惯。这种对师德学习的抵触和敷衍，必然会影响师范生的师德教育效果。

第二节　以"四有"好老师标准培养卓越师范生

"四有"好老师是 2014 年第 30 个教师节前夕，习近平总书记在同北京师范大学师生代表座谈时提出的，"四有"好老师是指有理想信念、有道德情操、有扎实学识、有仁爱之心的老师。

全面开展师德养成教育，将学习贯彻习近平总书记对教师的殷切期望和要求作为师范生师德教育的首要任务和重点内容，将"四有"好老师标准、四个"引路人"①、四个"相统一"②等要求细化落实到教师培养全过程。加强师范特色校园、学院文化建设，着力培养"学高为师、身正为范"的卓越教师。"四有"好老

---

① 四个"引路人"即广大教师要做学生锤炼品格的引路人，做学生学习知识的引路人，做学生创新思维的引路人，做学生奉献祖国的引路人。

② 四个"相统一"即坚持教书和育人相统一，坚持言传和身教相统一，坚持潜心问道和关注社会相统一，坚持学术自由和学术规范相统一，引导广大教师以德立身、以德立学、以德施教。

师是根据时代发展的要求创新性提出来的，它既继承了传统师德的优良成果，又符合时代发展的要求，对教师队伍建设起到一定的指导意义，也对学生全面发展具有重要意义。

一、"四有"好老师的提出背景

（一）继承重视师德的优秀传统

师德理论源远流长，它是伴随教师职业的产生和发展而形成和发展的。传统师德不仅蕴含了对教师个人德、业、学、识、品、行诸方面的要求，而且还上升到劝君臣、正民风、安邦国的高度。中国几千年文明的传承始终离不开教师的作用。中国自古以来一直十分重视教师的价值，认为在培养人才和提高教学质量、教学效果方面，教师占有重要地位，强调"尊师重教"。在古代，关于师德的一些理论主要散见于教育家的一些著作中，形成了师以德为先的传统教育理念。我国最早对教师明确提出师德要求是在商周时期，在这个时期，教育呈现官师一体化特征。师是帝王实施统治的思想、道德与智慧的源泉，是教育和治国的重要支柱。

近代，梁启超提出建立师范教育，必然要重视师德教育的观点。他提出："盖凡为教育家，必终身以教育为职志，教育之外，无论何事均非所计；又须头脑明净，识见卓越，然后就能负此重任。"在近代教育家论述中，很容易发现早期教育家的师德思想，他们的师德思想主要表现为对伦理道德训导的重视，并且他们在教育实践中不断丰富、发展着这一师德思想。近代著名教育家陶行知先生在教育活动中秉持着真诚奉献的心，"捧着一颗心来，不带半根草去"，把教育当作是一种社会责任，把教育看成是一种心与心的交流。"真教育是心心相印的活动，唯独从心里发出来，才能打动心灵的深处。""四有"好老师标准传承了我国的优秀师德传统。身教重于言教，这是传统师德对教师最基本、最普遍的要求。教师的身教对学生的教育有重大影响。教师的人格力量和人格魅力是教育取得成功的重要条件。学而不厌，诲人不倦，这是传统师德对教师学习品德的要求。教师必须有渊博的知识，这要求教师不断地学习知识。"温故而知新，可以为师矣"，教师也要不断地复习旧知识，从中获得新知识、新体会。"仕则欲行其义，居则欲彰其道。事不厌，教不倦。"热爱学生，一视同仁，这是传统师德中处理好师生关系的基础。教师要有仁爱之心，善教者应做到"视徒如己，反己以教，则得教之情矣。所加于人，必可行于己。若此则师徒同体"，这样才能更好地理解、尊重学生。

（二）满足时代发展对教师的要求

21世纪国际竞争的实质是以经济和科技实力为基础的综合国力的较量，但归根到底是人才的竞争，高素质人才的培养造就离不开高素质的教师队伍。

我国是一个人口大国，而人才和科技依靠的不是人口的数量，而是人口的质量，教师在为社会主义建设培养全面发展的劳动者中起关键的作用。在社会主义建设的进程中，经济、政治、文化等各方面的发展都离不开教育，《国家中长期教育改革和发展规划纲要（2010—2020 年）》提出了优先发展教育的战略决策。发展社会主义的教育事业也对教师提出了更高的要求，提高教师素质，提升教师队伍质量关乎教育发展的成败。因此，教师不仅要教好书，更重要的是要育好人。教师应树立起崇高的职业理想，坚定对教师职业的认同，才能在教师这个岗位上兢兢业业。一方面，教师要提高自己的职业能力素养，充实学科知识，没有扎实的知识是不能胜任教育教学工作的；另一方面，教师要提高职业道德修养，敬业爱岗，关爱学生等。当今时代是一个重视教育的时代，教育始终离不开教师，培养"四有"好教师显得尤为重要。

（三）顺应教育改革和发展的趋势

党的二十大报告提出，"坚持以人民为中心发展教育，加快建设高质量教育体系，发展素质教育，促进教育公平"，反映了新时代办好人民满意教育的鲜明指向和根本宗旨。

当前，中国特色社会主义进入了新时代，我国社会主要矛盾已经转化为人民日益增长的美好生活需要和不平衡不充分的发展之间的矛盾。推进教育均衡、公平发展，满足人民日益增长的对优质教育的需求，是新时代赋予教育战线的新使命。履行好这个使命，才能够有效提升广大人民的获得感和幸福感，因为教育不仅是民生工程、民心工程，更是基础工程。对于高等教育来说，实现"两个一百年"奋斗目标，推进构建人类命运共同体，对高等教育的需要比以往任何时候都更加迫切，对科学知识和卓越人才的渴求比以往任何时候都更加强烈。高校要立足新使命，借力国家推进"双一流"建设的历史机遇，坚持特色发展、内涵发展，努力培养造就一大批具有国际视野的战略科技人才、科技领军人才、青年科技人才和高水平创新团队，为全面建设社会主义现代化国家提供源源不断的人才供给和智力支持。

2014 年 9 月，习近平总书记在同北京师范大学师生代表座谈时强调："今天的学生就是未来实现中华民族伟大复兴中国梦的主力军，广大教师就是打造这支中华民族'梦之队'的筑梦人。"打造一支有理想信念、有道德情操、有扎实学识、有仁爱之心的"四有"好老师队伍，是学校办学的重要任务。"四有"好老师标准从"专业素养""情感素养""心理素养"等几个方面对当前教师提出了高标准的要求。教师担当着培养社会主义接班人的重任，他们的教育对象是学生，他们的教育成果仍然是学生。一方面，教育成果的优劣可以通过教师对社会所做的贡献和为社会创造的价值来体现。另一方面，学生的世界观、人生观、价值观形成在很大程度上受教师的影响，如果教师能发挥积极的榜样作用，对学生成长就会起到正面的促进作用；相反，如果教师的言行不当，就会对学生的成长和发展起到一定的阻碍作用。所以加强教师素质培养，重视师德水平的提高非常重要。

综上所述，提出"四有"好老师具有深刻的背景和重要意义，是符合历史和时代发展的需求的。

二、基于"四有"好老师的师德时代内涵

一个人遇到好教师是人生的幸运，一个学校拥有好教师是学校的光荣，一个民族源源不断涌现出一批又一批好教师则是民族的希望。国家繁荣、民族振兴、教育发展，需要大力培养造就一支师德高尚、业务精湛、结构合理、充满活力的高素质专业化教师队伍，需要涌现一大批好教师。"四有"好老师的时代内涵包括以下几个方面。

（一）坚定的理想信念

有坚定的理想，坚持共产主义理想追求，这是教师的师魂。教书育人的理想是教师理想的一个表现。教师应该把教书育人、培养社会主义合格接班人和建设者等内化为自己内心的信念，成为教育教学活动的强大动力，这是对好教师的思想要求。

首先，教师要热爱自己所从事的教育事业，树立为社会主义教育事业奋斗终身的崇高理想。我们的教育事业是为人民服务、为中国特色社会主义服务、为改革开放和社会主义现代化建设服务的，党和人民需要培养的是社会主义事业的建设者和接班人。好教师的理想信念应该以这一要求为基准。

其次，教师要注重在教育实践中加强理论学习，加强对中国特色社会主义的认同。坚定"四个自信"，即道路自信、理论自信、制度自信和文化自信，积极引导学生对社会主义的高度认同。伟大的革命者孙中山先生就提出过教师要关心政治这一观点，提倡谈政治，引导人民理政治，通过政治教育，引导学生树立正确的世界观、人生观和价值观。

最后，教师应该做中国梦的积极传播者与践行者，以自己的实际行动帮助学生筑梦、追梦、圆梦，传播正能量。教师要以坚定的理想信念和政治素养引领学生的价值观朝着符合社会发展需要的方向发展。陶行知先生曾经说过"千教万教，教人求真"。陶行知先生以通俗易懂却深刻的话语道出了对教师责任的要求。有理想信念，追求真理，历来是科学家、思想家永恒不变的至上目标。教师应以理想信念引导学生追求真理，做学生人生航向的灯塔，成为学生价值观方向的引领者。

（二）高尚的道德情操

教师的人格力量和人格魅力是成功教育的重要条件。教师对学生的影响，离不开教师的学识和能力，更离不开教师为人处世、于国于民、于公于私所持的价

值观，这也是对好教师的道德要求。教育离不开教育者和受教育者。教师在其中处于主导地位，成功的教育需要一些条件，而教师的人格力量和人格魅力是其中重要的条件。教育以德为先，教育的根本任务是立德树人，对师者从业的首要要求就是"德高为师，身正为范"。学生具有向师性的特点，因此教师应以高尚的道德情操建立自己的威信，成为学生的榜样，成为让学生信服的教师，在教育教学过程中发挥教师的模范作用，教会学生做人。

首先，高尚的道德情操是教师践行中小学教育使命的核心品质。教师的职业特征、教育对象决定了教师必须是道德高尚的人。教师在言传身教的过程中，用自己的道德情操感染学生，用自己的道德行为引导学生。因此一个好教师应该是学生道德的榜样，因为教师的教育活动具有示范性。

其次，教师要在自我修养中不断提升道德品质。师德需要在教育教学活动中培养，更需要教师具有自我修养。做一个高尚的人、纯粹的人、脱离了低级趣味的人，应该是每一位教师的不懈追求和行为常态。教师高尚的道德品质需要教师在教育教学中不断地提高，有意识地提升自我。教师自我修养的提高，一方面需要教师加强自律意识，规范道德行为，自觉遵守教师职业道德规范，为人师表、爱岗敬业、严谨治学、教书育人；另一方面需要教师在教育教学的实践中磨砺，在教学实践中严于律己。

（三）扎实的学识

扎实的知识功底、过硬的教学能力、勤勉的教学态度、科学的教学方法是教师的基本素质，其中，知识是基础。这是对好教师的专业知识要求，也就是"师能"。当代社会提倡能者居之，试想一个教师没有扎实的专业知识，怎样让学生信服？教师的言行举止就能体现其才华与知识涵养，正应了那句"腹有诗书气自华"。

首先，教师要具备精深的学科知识。一方面，掌握扎实的学科知识是教师进行知识传授的前提条件。教师要想传授给学生知识，就必须掌握学科的专业知识。另一方面，教师还要具备灵活的教学方法，采取灵活的教学方法促进学生的学习。教师要胜任教学工作就必须拓宽自己的视野。

其次，教师要树立"终身学习"的观念，不断学习。陶行知先生说："出世便是破蒙，进棺材才算毕业。"这就要求教师要终身学习，源源不断地获取、理解、吸收新知识，这样才能适应现代教育的要求，满足学生的需求，为成为优秀的"人师"、合格的"智者"奠定基础。在当今信息社会的背景下，教师只有具备广博的科学文化知识、良好的思维方法、丰富的教学经验、勤勉的教学态度，了解学术前沿动态，才能成为学生心目中的好教师。

（四）仁爱之心

教育是一门仁而爱人的事业，爱是教育的灵魂，没有爱就没有教育。好教师应该是仁师，没有爱心的人不可能成为好教师。首先，教师要真诚地尊重学生。尊重学生的第一表现就是肯定学生，在教育教学关系上以平等的态度去对待学生。尊重学生的第二个表现是向学生学习，学习他们的思维方式、兴趣爱好，虚心接受学生的意见。其次，教师要充分地理解学生。理解学生一个重要的方面就是理解学生的需要，包括学生在学习过程中的需要和在社会化过程中的需要。通过理解来架起师生交流的桥梁，提供师生交流的平台。最后，教师要宽容地关怀学生，因为教师的宽容是一种无私的仁爱。在处理学生学习遇到的问题时，对待学生成长过程中的困扰时，教师要学会去包容学生，这也能展现教师的教育智慧和教育能力。也就是说，教师要把对学生的关爱落实到具体的教育行动中，在日常的教育活动中展现爱心，这样师爱才不会是空洞的。

教师之爱是师德中最基本的，教师对学生的爱心有利于理解和宽容学生。没有教师的爱心，就无从谈教育，更不用谈教育的发展。一个有爱心的教师应尊重学生的个性，健全学生的人格，善于发现每一个学生的闪光点，促进学生的全面、健康发展。提倡师德必然谈到师爱，一个没有爱，不会爱学生的教师也谈不上具有高尚的道德。

三、基于"四有"好老师标准培养师德的重要意义

从中华人民共和国成立到社会主义建设，再到改革开放和开辟中国特色社会主义道路，短短几十年的时间，我国的教育事业实现了跨越式的发展，教师教育工作面临着新形势、新任务，教师承担着教育培养人才的重任。随着教育改革的发展，教师素质的提升越来越重要。在这样的背景下，提出"四有"好老师标准无疑对当前学校教育目标实现、教师队伍建设、学生全面发展有重要的意义。

（一）实现学校育人为本、德育为先的目标

教育要坚持"以人为本"的理念，放在教育教学工作中就是要坚持"以生为本"。

首先，学生是具有独立人格的人，处于中小学阶段的学生大多还未成年，心智还未完全成熟，这时应该给予他们更多的人文关怀。教师要用平等的眼光去对待他们，与他们交流。教师具有仁爱之心，学生就会在受教育的过程中感受到自己被尊重、被爱护，这就有利于贯彻落实"以生为本"的理念。

其次，学生是具有独立思维能力的个体，这种独立的思维方式往往使他们朝两个方向发展：一是积极向上的方向，二是消极颓废的方向。为什么会出现不同的结果呢？答案往往可以从学生所处的环境中找到，他们有独立的思维方式，对教师传授的知识不是一味地接受，而是有自己的判断，存在一个信息加工的过程。作为信息传递的教师必须以积极正面的态度来面对，如果在传递的过程中教师带有负面情绪，就会对学生造成不良的影响，只有教师具有高尚的道德情操才能引领学生走向人生的幸福之路。教师要注重言教，更要注重身教。教师的日常工作

虽然是平凡的，但教育工作的意义却很不平凡。教师应该自觉加强道德修养，率先垂范，脚踏实地，乐于奉献，淡泊明志，以自己的高尚人格教育和影响学生，成为学生的良师益友，成为受到社会尊敬的人。

（二）提升教师素质，加强教师队伍建设

人类社会的文明与进步，民族的发展离不开教育，教育离不开教师，教师肩负着传承文化、传播知识、发展科学、培养人才的重任。因此，加强教师队伍建设势在必行，而师德教育是教师队伍建设的关键。

首先，加强师德教育有利于提高教师的职业道德水平。教师在塑造学生灵魂、启迪学生智慧方面发挥着重要的作用，是学生成长的引路人，没有高素质的教师就没有高质量的教育。高质量的教育在很大程度上取决于教师的职业道德水平。教师在学生知识增长方面和思想进步方面起着导向作用。高尚的师德是对学生最生动、最具体、最深远的教育。广大教师要不断加强师德修养，把个人理想、本职工作与祖国发展、人民幸福紧密联系在一起，树立高尚的道德情操和精神追求。"四有"好老师从教师道德修养方面对教师提出要求，对教师提高思想道德水平具有指导意义。

其次，加强师德教育有利于提高教师的业务能力。教师队伍的建设，一方面要靠师德水平的提高，另一方面要靠业务水平的提高。"四有"好老师标准从理想、道德、学识、爱心几方面对教师提出要求。对教师学识方面的要求即一个教师的知识结构应该包括学科专业知识、文化科学知识和教育理论实践知识。知识结构的完善对教师的教育教学能力有促进作用，可以培养教师先进的教育理念、良好的教育教学能力和研究能力。对教师爱心方面提出的要求有利于教师在教育教学过程中平等对待学生，建立良好的师生关系，处理好与教师群体之间的关系，处理好教师与家长和社会的关系，提高业务能力，更好地完成教育教学任务。

（三）促进学生全面发展，塑造健全人格

学生是社会主义现代化建设的生力军，也是祖国的未来和民族的希望，他们的整体状况将影响国家、民族的未来。教育要把目光投向学生，做好学生的教育工作，提高学生的思想道德素质和科学文化素质，让学生在人生的这个"投资期"内通过教师以身示范的引导逐步确立正确的世界观、人生观和价值观。

其实，早在我国古代教育文献中的《学记》就提出教学相长的教育思想，认为：教师的教与学生的学是相辅相成的，教师因为学生的进步而获得成就，学生因为教师的教学而取得进步，因此教师可以帮助学生学习，学生也可以帮助教师教学。这种教学相长也是师生交往的过程，师生交往是一种人际交往，但是又不同于一般的人际交往，主要是教学交往和交流。教师对学生的影响是全面的，双方进行着知识、观念、情感、兴趣等方面的信息交流，学生也在这样的过程中发展自我。在师生交往过程中，"爱"是不可或缺的。

爱，一方面体现为教师对教育事业的热爱，日本著名教育家小原国芳在其教育论著中提出"热情"是教师对待教育事业的一大态度，应以这样的态度把学生培养成"青出于蓝而胜于蓝"的人；另一方面体现为教师对学生的关爱，教师要想处理好与学生的关系，就要关爱学生，以仁爱之心对待学生。爱也成为良好师生关系的基础，这种爱主要表现在教师要关心学生，要对学生一视同仁，让爱成为沟通师生心灵的桥梁。教育先贤孔子十分关心自己的弟子，他能够知道学生的学习程度，了解学生的性格特点，做到因材施教，培养在德行、言语、政事各个方面都有所特长的学生。孔子对待自己的学生不仅一视同仁，而且对学生充满了期望，这也体现了孔子对学生的关爱，他提出："后生可畏，焉知来者之不如今也。"爱是一种教育力量，罗素在其《论教育》中提出："凡是教师缺乏爱的地方，无论品格还是智慧都不能充分地或自由地发展。"以爱来教导学生具有爱的情感，爱自己，爱他人。

第三节　卓越师范生课程思政教学改革行动

全面推进课程思政建设是发挥课堂教学育人的主渠道。高校教师要正确认识培养什么样的人、如何培养人和为谁培养人的历史使命和社会责任；将专业知识传授和价值引领相结合，将培育和践行社会主义核心价值观融入教书育人全过程，为社会主义新时代培养德才兼备、全面发展的高素质人才。

课程思政是指以课程为载体，以立德树人为根本，充分挖掘蕴含在专业知识中的德育元素，注重各类课程和各个环节的社会主义核心价值观的价值引领作用。课程思政旨在将显性教育与隐性教育相结合，构建全课程育人环境，助力学生的全面发展。课程思政是一种教育理念，也是一种思维方法，其实质是将高校思想政治教育融入课程教学和改革的各个方面，实现立德树人根本任务，达到润物细无声的效果。目前，课程思政仍需要深挖专业课程的不同思政元素，与专业特色以及当前政治、经济社会热点问题进行创新融合。有些专业教师在课程思政教学实践中经验不足，容易导致思政教育效果不理想。一些学校的课程思政仍采用传统的灌输式教学方式，影响教育效果。因此，应以专业课程思政为抓手，将思想政治教育融入专业课程教学各环节，从专业知识技能，创新创业能力，社会实践等各个方面进行全方位、全过程育人，从而建立高效的教学团队和完善的专业课程思政教育体系。

一、建立卓越师范生融合教学团队，推进课程思政建设

加强高校教师队伍建设是实施课程思政的重要一步。高校教师承担着立德树人的重要使命，打造由专业教师、学生工作教师和创新创业指导教师共同构成的

融合式教学团队，做到职能互补、优势叠加，可以实现教育与教学的相互统一。学生工作教师和创新创业指导教师在育人方面，特别是在专业课程课堂教学的课外实践方面能和专业教师紧密配合，达到协同育人的效果。同时，教师通过自主学习、集中学习和专题讨论等形式深入体会新时代社会主义核心价值观等理论，提高自身思想政治理论水平，树立新时代育人观，在课程教学过程中潜移默化地融入思想政治教育。

二、优化卓越师范生课程思政教学内容，完善课程考核方式

课程思政要因时而变，因材施教。专业课程的思想政治教育素材的挖掘要紧密结合学校办学特色与专业优势，找准专业教学内容与价值观引领的结合点，充分挖掘课程本身的思想政治资源。同时，根据学科课程特点，结合当下经济社会形势与时事热点、专业领域内重点关注的问题，将思政素材不断补充到思政案例库中。例如，在"遗传学"课程中，要结合专业特色，融入水产动物遗传育种学相关研究实例；在讲述基因组时，从人类基因组的发展延伸到鱼虾贝类基因组发展现状，以及目前的全基因组选育技术。通过紧密结合遗传学基础理论以及本专业知识和研究热点来增强学生的专业认知和科研创新精神。此外，随着课程思政的发展建设，专业课程的考核需要与时俱进地进行相应改革，要从知识水平、过程与方法和价值等方面进行综合评定，激励学生将社会主义核心价值观时刻融入自身的学习和实践过程中。

三、创新卓越师范生课程思政教学方法，提升课程思政教学效果

以专业课堂和网络课堂为抓手，设计启发式、案例式、互动式教学形式和方法开展专业课程思政教育，建立课程思政示范章节，逐步推进建设专业课程思政示范课。

专业课堂以专业知识为载体，在教学环节中，设计不同的教学模式渗透思想政治教育内容。例如，在"遗传学"课程中，以遗传学学科发展为主线，通过讲述遗传学定律的发现过程，增强学生的科研创新精神和实事求是的科学态度；以人物为专题，如我国科学家袁隆平、谈家桢等，介绍他们在遗传学领域做出的伟大成就，从而激发学生的爱国主义热情和坚持追求科学真理的精神，增强学生的专业认同和民族自信。

网络课堂需要充分发挥互联网、大数据等新技术和新媒体的作用。借助慕课、微课以及在线课程资源，挖掘以学科热点事件、领域内学科带头人、创新创业达人等为主题的资料，形成专题式的线上视频和典型案例；通过网上教学平台推送给学生，并设计主题供学生讨论并发表观点，采用线上、线下相结合的教学方式，加强与学生的互动交流，通过参与式、讨论式等教学方法达到育人于心的效果。

四、推进卓越师范生专业实践课堂，培养创新创业能力

首先，在学生的专业实践实习环节预先设计主题任务，在活动中融入课程思政内容；重视实践训练，以学生讨论为主，教师对学生行为与思想进行引导。其次，以教学团队的项目和实验室为依托，为学生提供科研平台，开展科研创新工作；建立教师、学生的科研创新小组，培养学生勇于探索的精神，支持并指导学生参加社会实践、学科竞赛以及创新创业活动等，培养学生的自我认同和专业自信。最后，通过产学研的合作平台及项目，建立由专业教师、学生组成的团队，到产学研实践基地开展社会实践，将知识技能与社会实际需要相结合，达到知行合一，在实践中增强就业竞争力，提高学生的职业素养和从业认知。

五、建立卓越师范生课程思政教学评价体系

在教学活动中，教师是课堂教学活动必不可少的主体之一，起到引导和主导作用。课程思政要想达到应有的效果，需要教师发挥推动作用，教师是创新教学的主要实施者。针对教师的评价应包括三个方面：第一，考评教学备课过程中是否体现道德教育元素，是否将专业课应讲授的道德内容融入知识与技能教学中；第二，考评教学实施过程中是否将道德教育展现出来，是否让核心素养在课堂中真正"落地生根"；第三，教学活动结束后教师应及时进行教学反思，在反思过程中是否对道德教育模块做了专门的考量，是否及时调整了有关该方面的下一步教学方案。

在教学活动中，学生是学习的主体，是知识的主要接受者。教师的教是传授方，教学效果如何更依赖于学生的学，即接收方。课程思政的根本目的仍在于培养全面发展的学生。因此，评价中对学生的考核尤为重要，针对该主体的评价可分为两个方面。第一，学生的自我评价。教师应记录学生对专业学习的展望或想达到的目标，做成"档案袋式评价"，学生在完成专业学习后进行自我评价。第二，对学生的外部评价。教师、家长是与学生日常密切接触的人，对学生的思想动态和专业学习有着较深的了解，应及时对学生成长做出评价并指明正确的发展方向。

（一）诊断性评价

诊断性评价是指在教学开始前对学生现有情况进行摸底了解，是评价的起始环节。课程思政是与时俱进的，不是一成不变的，要因时而变，因材施教。只有在新理念开始前对学生情况进行充分的了解，才能更好地展开教学，使专业学习更加全面完整。针对课程思政的现有发展情况，诊断性评价应主要包括以下三方面评价：第一，专业知识与技能的了解情况；第二，职业生涯规划情况；第三，该专业应有的职业道德情况。

（二）过程性评价

过程性评价是指在教学活动中对学生学习过程的评价，包括课堂提问、作业评议和书面测验等，主要是为了及时获得反馈信息，促进师生共同改进教与学，进一步完善教学活动，提高教学质量。课程思政处于起步发展阶段，可提供的经验相对较少，需要各高校在实践中不断摸索，因此实施过程中要注意多角度的评价，如目标、主体、内容、方法等都是过程性评价应考量的方面。

（三）终结性评价

终结性评价也称为结果性评价，是在一门专业课程、一学期等较长的学习阶段结束后对学生学习成果的评价。课程思政的发展需要不断总结经验、不断完善，各高校应在不同专业课程结束后进行正规性考查和评定，总结实施课程思政新理念的优点与不足，为下一阶段如何发展提供现实性意见；要与诊断性评价和过程性评价进行对比，及时梳理细节上存在哪些上升与下降的变化。

评价后及时反馈，是为了更好地提高教学效果。在课程思政改革推进中，要不断反馈，不断检验效果。对效果的评价应分为三个部分：第一，顶层设计的目标是否达到，在何种程度上达到，如学校有关领导者在评价体系制定、实施、监督、考察等环节是否全部落实到位；第二，教师的备课、上课、作业布置、课外辅导等教学环节是否体现专业知识、专业技能、道德教育三位一体，是否某个环节有所缺失；第三，学生的了解、理解、消化、融合是否每一环节都包含思政教育的元素，是否将道德教育融入专业成长。

课程思政教学评价体系的构建仍不完善，需要各高校在实践教学中不断摸索经验，在长期积累中总结一般性规律。评价的根本目的在于总结与查漏补缺，引领课程思政沿着正确的方向发展。因此，构建课程思政教学评价体系具有重要意义。

高校课程思政是推动高校实现"立德树人"根本任务的主要渠道，也是重要手段。习近平总书记 2021 年 4 月 19 日在清华大学考察时强调，要想国家之所想、急国家之所急、应国家之所需，抓住全面提高人才培养能力这个重点，坚持把立德树人作为根本任务，着力培养担当民族复兴大任的时代新人。全面提升高等教育人才培养质量、落实"立德树人"根本任务，课程思政是重要途径。面向"立德树人"，应在价值维度上把握好课程思政的三重意蕴，即以坚持社会主义办学方向为价值定位，以培养社会主义建设者和接班人为价值目标，以合目的性与合规律性相统一为价值属性。课程思政创新性教学必须围绕这三重意蕴，切实有效地实施高校课程思政，实现"立德树人"根本任务所发挥的主渠道作用。

第三章 教师专业标准对卓越师范生厚基础、高素质的培养要求

第一节 教师专业标准要求

一、教师专业标准的内涵

"教师专业标准"这一专业术语可以分解为三个词语：教师、专业和标准。要科学界定和正确理解"教师专业标准"的含义，可以先从考察上述三个词语的词源学意义入手。那么，如何从词源学的角度考察某个词语的含义呢？尼采、福柯和海德格尔等所展现的研究思维路径值得参考，即深入词的含义和语法史并不只是研究这些词的字面形态与语音形态，其真正的目的是要在词的语法里把可能的含义中蕴藏的方向性差别揭示出来。

（一）专业标准与教师专业标准

1. 专业

在"教师专业标准"中，"专业"是一个最基本的概念。虽然"专业"一词在现代社会的日常生活中已经是一个耳熟能详的术语，但人们对其含义的理解还是比较模糊的，即便在教师专业化进程日益受到关注的教育界，"专业"也经常遭到误读，与职业等概念相混淆使用。因此，有必要对"专业"进行科学界定，并厘清其与职业、行业等概念的区别，以便更好地理解教师专业标准。

（1）语义的视角

英语中"专业"一词是 profession，最早由拉丁语演化而来，原始的意思是公开地表达自己的观点或信仰。汉语中"专业"一词的名词含义有两种：第一，高等学校的一个系里或中等专业学校里，根据科学分工或生产部门的分工把学业分成的门类，如这个系有三个专业；第二，产业部门中根据产品生产的不同过程而分成的各业务部门。

（2）专家的视角

英国社会学家卡尔-桑德斯（Carr-Saunders）认为，专业是指一群人在从事一种需要专门技术的职业，这种职业需要特殊的智力来培养和完成，其目的在于提供专门性的社会服务。日本学者石村善助认为，所谓的专门职业（专业），是指通

过特殊的教育或训练掌握了已经证实的认识（科学的或高深的知识），具有一定基础理论的特殊技能，从而按照来自特定的大多数公民自发表达出来的每个委托者的具体要求，从事具体的服务工作，借以为全社会利益效力的职业。本书认为，专业是指一群经过相应教育和培训的人员，拥有专门的知识和技术，并且按照专业的标准从事相应的职业，提供专门的服务。专业包含四个最基本的内容：专门的知识和技术、专业标准、专业教育和专业训练、提供专业服务并获取回报。

2. 标准

要科学解读"教师专业标准"这一术语的含义，首先要考察"标准"这个词的含义。"标准"一词在各种不同语境和层面上有不同的含义，尤其是在知识经济时代，"标准"不是一个抽象空洞的词语，而是日益渗透进人们的日常生活中，在生活的方方面面露出自己的触角，日益渗透进各行各业中，在行业的发展和竞争中发挥着"规矩"的作用。也正因为这样，它可能经常引起误解，造成各种"成见"。但在对"教师专业标准"展开国际比较研究之前，我们必须尝试一下，至少要在"比较教育"和"比较教育学"的语境内搞清楚"标准"到底意味着什么。

（1）汉语语境中"标准"的含义

"标准"在汉语里指的是"衡量事物的准则"，如清代方苞在《狱中杂记》中所言的"惟极贫无依，则械系不稍宽，为标准以警其余"。改革开放以来提出的"实践是检验真理的唯一标准"，以及日常生活中经常接触到的"技术标准""道德标准""标准大气压""标准时间""标准像"等词语中的"标准"都指的是"衡量事物的准则"。

（2）英语语境中"标准"的含义

"标准"在英语中主要有两个词：standard 和 criterion。这两个词与汉语中"标准"的意义——"衡量事物的准则"基本对应。此外，英语中的 benchmark、gauge、measure、touchstone、yardstick 等五个词有时也会被译成中文的"标准"。这七个词所共有的意思是"个人用来比较和估计的参照"。

相比而言，standard 的含义与"教师专业标准"中的"标准"含义最为接近。从语源上来看，standard 可能有这么几种来源：源自古法语 estandard，意为"集合地点"；可能源自法兰克语 standhard；源自 standan，意为"站立"；源自 hard，意为"迅速、坚硬"。这些可能的来源对理解 standard 的两种词性及其具体含义有重要启示。就其名词形态而言，standard 有"旗帜、标准、本位"等意思。

"标准"可以有两种用法：一是用作衡量价值或体现原则的说明，二是用以评估工作业绩的测量手段。在第二种意义上，它表明和描述已达到的一定水平（标准）。

还有学者认为，标准是一种工具，它使人们借以对有共同认知和共同意义的事情做出恰当而准确的判断与决定。它强调了一种专业工作的本质特点，即"可判断性"。标准是不可见的东西，它们体现在人们做出的判断之中。

标准是言语性的说明，它们并不能轻而易举地抓住（或反映）具体而隐含的知识，要使隐性知识变为明晰的显性知识是有极大局限性的难事。所以，开发（专业）实践标准具有一种危险性，即认为所有知识都是可以用言语表述的，这样却把重要的知识排除在外了。

3. 教师专业标准

为了构建教师专业标准体系，建设高素质专业化教师队伍，2012 年 2 月，教育部颁布了《幼儿园教师专业标准（试行）》《小学教师专业标准（试行）》《中学教师专业标准（试行）》（以下统称为《教师专业标准》）。这三个标准是国家对合格教师专业素质的基本要求，是教师实施教育教学行为的基本规范，是引领教师专业发展的基本准则，是教师培养、准入、培训、考核等工作的重要依据。

《教师专业标准》的基本内容以"三个维度、十三个领域、六十项基本要求"为框架，涵盖教师的专业理念、知识储备和教学实践能力，旨在全面提升教师的综合素养。

（1）三个维度

三个维度包括专业理念与师德、专业知识、专业能力。专业理念与师德是教师职业的灵魂，强调教育使命、职业道德和对学生的关爱；专业知识要求教师掌握学科知识、教育理论和学生发展规律；专业能力则聚焦教学设计与实施、评价反馈及终身学习能力。

（2）关键领域与具体要求

① 专业理念与师德包括以下领域。

职业理解与认识：贯彻教育方针，遵守法律法规，认同教师职业的价值与责任。

对学生的态度与行为：关爱学生身心健康，尊重个体差异，注重保护学生安全。

教育教学的态度与行为：坚持育人为本，注重全面发展，引导学生自强自立。

个人修养与行为：以身作则，具备良好的道德品质和文化素养。

② 专业知识包括以下领域。

教育知识：掌握教育的基本原理和方法，了解学生身心发展规律，了解学生群体文化特点与行为方式。

学科知识：理解所授学科的知识体系、核心思想与教学方法。

学科教学知识：熟悉课程设计，掌握教学和研究性学习的方法和策略。

通识性知识：具备自然科学、人文社科知识，了解中国教育基本情况。

③ 专业能力包括以下领域。

教学设计：科学设计教学计划，引导和帮助学生设计个性化的学习计划。

教学实施：灵活运用教学方法，有效管理课堂，激发学生兴趣。

教育教学评价：通过多元化评价方法评价学生发展，引导学生进行自我评价，及时调整教学工作。

沟通与合作：与家长、同事建立协作关系，形成教育合力。

反思与发展：不断反思，针对现实需要与问题进行探索和研究，参与专业培训，不断提升自身专业素质。

（3）实践导向与终身发展

《教师专业标准》强调教师需在教学中落实"学生中心"理念，通过差异化教学满足学生个性化需求，同时要求教师主动适应教育改革，关注社会热点，推动学校与社会的协同发展。例如，在"沟通与合作"领域，教师需要与家长进行沟通合作，共同促进学生发展；在"反思与发展"领域，教师需要不断进行反思，改进教育教学工作，形成持续改进的良性循环。

这一标准体系为中小学（幼儿园）教师的职业发展提供了全面指导，既注重理论根基，又强调实践能力，助力教师实现从"合格"到"卓越"的跨越。

（二）教师专业标准的维度划分及可能的类型

划分维度不同，教师专业标准的类型也不同。通常而言，可以从教师从教时间的长短、标准所涉及的范围、教师专业水准的高低、标准的内容等视角将教师专业标准分为不同的类型。

（1）根据教师从教时间的长短划分

根据教师从教时间的长短，可以将教师专业标准分为四类：师范生专业标准，对象为接受不同专业师范教育的在读大学生；初任教师专业标准，对象为新入职到工作三年以内的在职教师；经验教师专业标准，对象为工作三年至五年的在职教师；专家教师专业标准，对象为工作五年以上的专业发展比较成熟，堪称某一学科领域专家的在职教师。

（2）根据标准所涉及的范围划分

根据标准所涉及的范围，可以将教师专业标准分为四类：国际教师专业标准，适用于不同国家、反映各个国家教师专业发展共性的有关教师专业的纲领性标准，如联合国教科文组织和国际劳工组织颁布的《关于教师地位的倡议书》；国家教师专业标准，这是一个国家关于教师专业标准的最高规定，是指导教师专业发展的全国性标准框架，如美国和澳大利亚颁布的国家层面的教师专业标准；地方教师专业标准，这类标准是在国家教师专业标准的框架下，根据地方教育发展的情况而制定的适应地方情境下的教师专业标准，如适应我国东部、中部和西部发展水平的地方性教师专业标准，美国、澳大利亚各个州所颁布的教师专业标准；学校教师专业标准，这类标准是由某一学校根据学校办学特点和发展水平所制定的校本化教师专业标准，对具体的学校教师发展和评价具有一定的指导作用。

（3）根据教师专业水准的高低划分

教师专业标准可以按不同的水平来制定，以反映教师在教学生涯中获得不同层级的专业技能和专业经验。从这一点来说，教师专业标准可以分为初级教师专业标准和高级教师专业标准。

初级教师专业标准即起始标准，它适用于刚开始从教的教师，也就是刚完成教师教育课程学习的新教师。初级教师专业标准可为师范生培养提供一种专业框架，也可以作为衡量刚毕业的师范生从事教学的准备程度的一个依据。

高级教师专业标准适用于业绩优秀、教学水平高的教师，它集中反映了高水平教师的高级能力。这类教师必须具有丰富的专业技能，参与特别有效、成功的实践工作。因此，这类标准力求体现教师能在各种情景下灵活运用其坚实的基础知识和专业技能。

（4）根据标准的内容划分

按照标准的内容，可以将教师专业标准分为通用教师专业标准和具体教师专业标准。通用教师专业标准反映优质教学的共同原则和实践，通常适用于各级学校和各类学习环境的教师。例如，澳大利亚教育工作者学会与其他专业团体共同提出了用于专业认证的专业实践标准。具体教师专业标准则适用于某一学科或学习领域的教师，或以不同发展阶段的学生为教学对象的教师。

（5）按照其他维度划分

根据所涉及的学科门类，可以将教师专业标准分为文科教师专业标准和理科教师专业标准，或语言教师专业标准、外语教师专业标准、数学教师专业标准、历史教师专业标准等。根据学校层级的不同，可以将教师专业标准划分为幼儿园教师专业标准、小学教师专业标准、中学教师专业标准和大学教师专业标准。根据学校的办学性质，可以将教师专业标准分为国际学校教师专业标准、普通私立学校教师专业标准、普通公立学校教师专业标准等。

此外，根据我国当前教育改革发展的一些新情况、新趋势，还可以考虑制定双语教师专业标准、对外汉语教师专业标准、来华执教的外籍教师专业标准等，这对规范这类国际型教师专业队伍、提高这类教师专业素养、确保教师教学质量，乃至维护国家形象具有特殊的重要意义。

二、高质量教育教学标准与教学评价

高质量教育教学标准与教学评价是指通过一系列科学的教学标准与评价工具和方法，对学生的学习成果、教师的教学效果等指标进行全面评价的体系。目的是促进学生全面发展，提高教学质量，使每个学生的潜能都得到充分发挥。

（一）高质量教育教学标准

在发展高质量教育中，教学标准是教学工作的基本依据，对教师教学和学生学习具有重要的指导作用。教学标准由内容标准、教学活动标准、学业质量标准组成，它是教育教学质量的保证，是提高学生综合素质的重要保障。

1. 内容标准

内容标准是解决学生学什么和教师教什么的问题，是国家事权的体现，强调以核心素养为纲进行知识内容的选择和组织。它包括学科知识和能力素养两个方面。学科知识是指通过教师教学需要学生掌握的各个学科的基础知识和专业知识；能力素养是指教师需要培养和提升的学生的各种能力和素养，包括思维能力、实践能力、创新能力、合作能力等。

2. 教学活动标准

教学活动标准是对教师教学活动的组织和实施的要求和规定。它包括教学目标、教学内容、教学方法、教学手段、教学评价等方面。教学活动标准包括教学理念、教学提示等，为将内容要求转化为学生学习内容、学习活动提供指导。教学活动标准是教学过程的组织和实施的保证，它对于提高教学质量和推动学生学习具有重要作用。

3. 学业质量标准

学业质量标准是教师对学生学习成果的要求和评价的规定。学业质量标准是确保和检验学习必须达成的水平和成果，它包括学业质量的评价指标和评价要求，是对学校教育质量的客观反映和学生学习水平的综合评价。学业质量标准对于提高学生学习水平和保证学校教育质量具有重要意义。

（二）教学评一体化

教学评一体化是一种将教学过程和教学评价相结合的方法。它旨在将评价融入教学中，使评价与教学环节相互交织、相互促进。教学评一体化的重点是将评价作为一个连续、动态的过程，与教学相互渗透。它不仅关注学生在最终评估中的表现，也注重评价教师的教学能力和课堂实施。教学评一体化可以提供更全面、准确和有针对性的教学评价，有助于优化教学过程和提高教学质量。它可以促进教学和评价的有机融合，形成一个相互支持、促进教学改进的循环。同时，教学评一体化也需要教师在教学设计和实施中注重评价的反馈和利用，以确保教学目标的达成和学生的学习发展。

要想有效实施教学评一体化，可以考虑以下几个关键步骤和实践方法。

1. 确定明确的学习目标

教师应明确学习目标和预期结果。这些目标应与课程要求、学习标准和学生需求相一致。明确的学习目标可以帮助教师设计有效的教学活动和评价方法。

2. 采用多样化的评价方法

教学评一体化鼓励采用多种评价方法来了解学生的学习成果和教学效果。除了传统的考试和测验，教师可以结合观察、讨论、作品展示、项目报告、同伴评价等方法来评估学生的知识、技能和学习过程。

3. 及时的反馈和指导

教学评一体化强调及时的反馈和指导。教师应提供准确、具体和个性化的反馈，帮助学生理解自己的学习进展和需要改进之处。这可以通过口头反馈、书面反馈和个别会谈等方式实现。

4. 学生参与和自主学习

教学评一体化鼓励学生主动参与评价过程，培养学生的自主学习能力和批判性思维。学生可以参与自我评估、同伴评价、反思和目标设定等活动，通过这些活动提高对自己学习的认知和反思能力。

5. 教师专业发展和合作交流

实施教学评一体化需要教师的专业发展和不断改进。教师应积极参与专业培训和研讨会，了解最新的评价理论和实践，掌握评价工具和技能。同时，与同事进行合作交流，分享经验和教学实践，以相互促进和提高。

6. 持续改进和调整

教学评一体化是一个持续改进的过程。教师应根据评价结果和反馈信息，不断调整和改进教学策略和评价方法。通过不断的反思、调整和改进，提高教学质量，提升学生的学习效果。

第二节　提高卓越师范生的人文素养和科学素养

一、提高卓越师范生的人文素养

（一）相关概念界定

1. 人文素养

素养是指一个人的修养，包括思想政治素养、人文素养、专业素养、身心素养等各个方面。人文素养主要是指个体的基本内在涵养，是一个人在长期的生活学习中不断习得人文知识，逐步形成个人的人文知识结构，以及在实际生活中实践有关人文知识的行为的综合表现能力。在西方，"人文"一词最初由西塞罗从希腊文翻译而来，将人文教育界定为理想人性的培养或心灵的教养，即通过教育能塑造人的精神世界，使人的本性和人的潜能得到充分发展，使人成为有人性的人、真正的人。

近代的几次科技革命使自然科学和社会科学蓬勃发展，"人文"一词又被赋予与科学相对应的特殊道德品质、知识修养等内涵。人文就是人类文化中先进的价值观和道德规范，尊重人、重视人、关心人、爱护人是人文的最终体现，"以人为本"是人文的核心价值观念。

在我国相关研究中，人文素养通常包括五个方面的内容：一是具有人文知识，二是理解人文思想，三是具备人文方法，四是内在人文精神，五是实践人文行为。其中包括三个角度的理解。一是从学科视野考虑，人文是指人文科学，如政治、经济、历史、哲学、文学、法学等学科，素养由能力要素和精神要素组合而成。因此，人文素养是指由人文知识的掌握水平和人文修养体现出来的以人为对象、以人为中心的高尚内在品质，其核心内容是对人的价值关怀。二是从人的发展需要角度看，人文素养强调人的能力素质，包括人的生存能力和自我思考能力，体现出的是一种批判精神、创造精神和传承精神。三是从素质教育的角度理解人文素养，主要是从人文知识、人文科学体现出来的以人为对象、以人为中心的精神，它包括人的艺术品位、审美情趣、心理素质、生活态度、道德品质、爱国情操、人生观、价值观等。

2. 卓越师范生的人文素养

随着信息时代的到来，人工智能技术在日常生产与生活中的应用更为广泛，这对未来教师人文素养的培养与提升所提出的要求也更高。卓越师范生的人文素养普遍是指以人文知识、人文精神和人文行为为构成要素的人的综合素养，主要体现为一个人对待自我、他人及社会的心理、精神和态度的修养，是人内在的修养和表现出的行为气质，包括语言修养、文学艺术修养、伦理道德修养、文明礼仪修养等。其中，人文知识是基础，主要是人类人文领域传承下来的优秀知识，主要包括文学、历史、哲学、道德和艺术等，这也是高校人文教育的主要载体；人文精神是核心内容，它是指对人的存在和人的尊严、价值的理解和把握，以及对价值理想或人生理想的执着追求的总和；人文行为是人文素养在生活中的体现，其内容包括沟通、交流、处事的态度和能力。提升卓越师范生人文素养的主要目的，是让其今后从事教师工作能够更多地理解学生、尊重学生以及关心学生。

3. 卓越师范生的专业素养

专业素养是指一个人在专业领域中所具备的知识、技能、态度和价值观等的综合素养。它是一个人在特定领域中能够胜任工作并具备专业素质的表现。专业素养一般包括专业知识、专业技能、专业态度和价值观等几个方面。卓越师范生的专业素养主要包括高尚的职业道德素养、扎实的学科专业素养、娴熟的教育教学素养、良好的信息诊断素养和持续的学习反思素养等。

（二）提升卓越师范生人文素养的措施

1. 凸显人文教育的基础地位

高校面临新的机遇和挑战，需大力提升高等学校人才培养、科学研究、社会服务、文化创新的能力和水平，以全面提高高等教育质量。新时期的地方高校也不例外，要注重本校哲学社会科学的发展。高等教育既要承担培养"专才"的专业教育使命，又要承担培养"全面发展的人"的"人文教育"使命，以使人成为全面发展的"现代人"。国家的发展不但需要经济发展、科技进步，同时也需要深厚文化的积淀，这就要求高等师范教育不仅要肩负培养师范生合格的专业知识和职业技能，还要注重其人文素养的提升。

2. 提高卓越师范生人文素养的培养

在卓越师范生培养课程体系中，应着重加强人文类课程的开设，尤其是哲学课程、历史课程、文学课程与艺术类课程的开设。卓越师范生人文知识的掌握主要是通过教师讲授、自主阅读、讨论分享以及科学探究来实现的。随着信息时代以及自媒体技术的普及与发展，后三种方式在卓越师范生人文素养水平提升过程中将会发挥越来越重要的作用。而且，卓越师范生人文知识的获得，不仅仅限于学校的课堂，社会也是一个大课堂。

人文精神、人文情感与人文态度主要是通过社会性情境的认知与互动而形成的特定的默会观念。这三者主要通过在特定社会情境下个体接受了怎样的"被对待"而形成的。如果师范生经常处于良好人际交往的"被对待"状态，那么其就容易形成积极向上的人文精神、人文情感与人文态度，否则相反。卓越师范生所处的"被对待"的人际交往环境，不仅包括学校，还包括家庭与社会。在师范生的人文精神、人文情感与人文态度形成与发展过程中，学校交往环境起着非常重要的作用，但家庭与社会交往环境所发挥的作用同样也是不可忽视的。

在高等师范教育阶段，受专业发展因素的影响，卓越师范生专业知识与教学技能的获得依赖于专业课程的正式学习和教师引导等教育活动的安排。但这些正式课程对卓越师范生的教师职业发展并无深刻影响；相反，由教师形象、学生角色以及教学环境、班级气氛、兴趣团体、团体社会生活等多种因素交互作用形成的潜在影响要超过预想，其作用不容忽视。在高校学习期间，师范生的社会背景、人格特质、学校的教育环境都是影响其人文素养的主要因素。地方高校与综合性大学办学硬件水平有所差距，而高素质的教师是保证高校人文教育的软实力，只有采取措施切实提高教师队伍素质，才能使高校的人文教育引向良性发展轨道。

3. 构建卓越师范生人文素养的评价体系

科学、公正的评价能平衡好教学各方面之间的关系，并充分调动师范生自我教育的积极性，从而提高高校人文教育质量。但由于学生工作的特殊性与学生个性的复杂性，要想建立科学合理的人文素养评价体系确属不易。在高校学生评价体系中存在两方面的问题：一是重视量化指标，忽视内在激励；二是评价方法比较传统、单一。人文素养包括人文知识、人文精神和人文行为，除了人文知识，其他都很难进行量化和具体的考查，高校可以通过多元化的考查和评价来提高人文教育质量，提升师范生的人文素养。

二、提高卓越师范生的科学素养

（一）科学素养的主要内容

培养科学素养作为当今基础教育的一个重要目标，已摆在广大教师面前，并要求广大教师必须以培养和提高学生的科学素养为根本宗旨。学生科学素养的提高很大程度上取决于是否具有较高科学素养的教师，没有较高科学素养的教师是很难培养出较高科学素养的学生的。科学素养是怎样产生的呢？卓越师范生科学素养的构成包含哪些要素呢？这些都是亟待解决的问题。科学素养是目前国际科学教育界提出的一个口号，是一个引起争议的、仍无定论的概念。在明确提出这一概念之前，科学素养的理念早已蕴含在科学教育思想和实践中。据美国当代著名理科教育专家拜比（Bybee）考证，在美国第一个使用"科学素养"一词的人是著名的教育改革家科南特（Conant），他在 1952 年出版的《科学中的普通教育》一书的序言中谈到被人们称为"专家"的那些人，其最大的特点是他们具有科学素养，科南特在这里主要是从科学家的角度来论述科学素养的含义。把科学素养这一概念当作科学教育的一个重要论题来看待并加以倡导的是美国著名科学教育专家赫德（Hurd），他在发表的一篇题为《科学素养：它对美国学校的意义》的文章中，把科学素养解释为理解科学及其在社会中的应用，并探讨了科学与社会的联系。

科学素养的含义随着人们对其研究的不断深入而日渐丰富，从人们对科学素养含义理解上可以看出，科学与技术、社会的关系日益密切。

（二）卓越师范生的科学素养的构成

科学素养作为一个综合性的概念，是指个体对科学知识的理解程度、运用科学方法解决问题的能力、科学思维方式的形成，以及基于科学证据做出决策的能力。它不仅关乎个体对科学知识的掌握，更强调将这些知识应用于实际情境中，解决实际问题，同时保持对科学探索的好奇心和尊重证据的科学态度。科学素养主要由科学知识、科学研究过程和方法、科技对社会和个人影响的理解这三个部分组成。具体来说，科学知识包括对自然事物、自然现象和科学知识的理解；科学研究过程和方法涉及能用科学、合理、有效的方法了解和解决客观世界中的问题；科技对社会和个人影响的理解则要求个体对科学技术具有正确的价值判断，形成正确的科学态度。此外，科学素养还包含科学兴趣、科学方法、科学精神等要素，它们共同构成了科学素养的丰富内涵。

虽然科学素养的定义还没有达成一致，但从各种定义中可以看出它们有许多共同的地方，科学素养至少应当包括科学知识、科学过程与方法、科学精神、科学态度、情感与价值观，以及科学、技术与社会的关系等方面。传统上我们偏颇地认为一名教师的科学知识越多科学素养就越高，简单地把科学素养等同于科学知识，因此我们现在提出培养和提高师范生的科学素养，意味着不应仅仅关心高校教育培养的学生掌握了多少科学知识，而应该更多地考虑师范生所具有的其他方面的知识，如科学精神或科学本质，科学过程与方法，运用科技知识于日常生活中，关心科技对社会的发展影响，学会学习新科技知识的能力。

结合国内外专家、学者对科学素养的定义，联系我国的实际情况，卓越师范生的科学素养可概括为三个主要构成要素：科学知识与技能，科学过程与方法，科学情感态度与价值观。这三个要素作为一个整体，不可分割，相辅相成，互相制约。

1. 掌握科学知识与技能

科学知识由科学用语、基本概念、基本原理、基本规律等组成。科学知识是发展科学素养的基础。在知识经济时代，知识已成为社会发展的强大推动力，知识以爆炸式的速度增长，更新速度也不断加快。技能就是能应用的知识。知识与技能的增长建立在已有知识基础之上，因此师范生的知识与技能应该是具有生长性的、可发展性的。应该把获得生长性、可发展性的知识放在师范生培养目标的优先发展地位。在构成其科学素养的要素中，科学知识与技能起着基础作用，同时也是培养和形成学生科学素养其他组成要素的载体。

卓越师范生毕业后从事教师工作不可或缺的知识与技能，主要包括学科专业知识技能与非学科专业知识技能两部分。卓越师范生在学校中系统学习与掌握的主要是学科性以及教育教学领域中的专业知识与技能。现代社会是一个知识飞速更新与创新的社会，卓越师范生要想毕业后能够更好地从事教育教学工作，还需要掌握发展生态学、人工智能、信息技术科学以及科技伦理学等学科领域中的新知识与技能。

课堂教学与学习形式应该多样化。课堂仍然是卓越师范生知识学习与掌握的主阵地，但其他一些形式（如聆听学术报告、探究式学习、项目学习、跨专业学习、跨年级学习等）也应在师范生的专业知识学习与掌握中发挥作用与影响。新时代卓越师范生在课堂教学中主体作用发挥也会有新的变化，应该以更多的形式参与到课堂教学中来，以提升卓越师范生掌握知识的牢固性与深刻性。网络学习将会成为新时代卓越师范生学习与掌握知识技能的重要形式。新时代卓越师范生的教与学皆具有很强的研究性、参与性以及多样性的特征。

基础教育改革后，中小学的课程结构和课程内容发生了重大变化。课程结构呈现多元化，有活动课程、综合课程、研究型课程、选修课等多种形式。课程内容不断更新，更具有时代性，更加贴近社会生活实际。这就要求师范生的科学知识与技能要有更宽的基础知识背景，更强的专业适应技能。综合理科课程（即科学课程）的开设是基础教育课程结构上的创新，理科教师要能胜任科学课程的教学，就必须通晓数学、物理、化学、生物等学科知识，并且遇到综合性较强的内容时，能对自己所掌握的知识与技能融会贯通，综合分析解决实际问题。有些实践中的问题并不是用某一门专业学科知识就能解决的，因此师范生的科学知识与技能应该建立在学科交叉或边缘学科基础上，只有这样，师范生所具有科学知识与技能的素养要素才能满足新课程的教学发展要求。

2. 注重科学过程与方法

可以将学生进行的科学探究解释为：从学科领域或现实社会生活中选择和确定研究主题，在教学中，创设一种类似于学术（或科学）研究的情境，通过学生自主、独立地发现问题，以及实验、操作、收集与处理信息、表达与交流等探索活动，获得知识技能、情感、态度与价值观的发展，特别是促进探索精神和创新能力发展的学习方式和学习过程。进行科学探究不仅仅是为了获得探究的结果，更重要的是体验探究的过程，探究的内涵渗透在过程之中。在传统的科学教育中，无论是中小学课堂还是大学课堂，教师大都倾向于直接导出科学的结论，而忽视了获得结论的过程，以及在得出结论过程中使用的方法。科学活动的过程对学生认识能力的发展起到重要的作用，认识能力只能在认识活动中发展，而且发展水平在很大程度上取决于认识活动过程的复杂和高级程度。如果学生仅接受现成的结论，势必缺乏独立提出问题、思考问题和解决问题的机会。学生在认识结果的获得和认识能力的发展上是不平衡的，经常出现的问题就是学生固然得到了大量的知识，却没有发展其良好的认识能力。因此科学的过程也是学生认识能力发展的过程，发展师范生的认识能力有待于其对科学过程的理解。

　　科学方法是进行科学探究必须依赖的工具。达尔文曾说："最有价值的知识是关于方法的知识。"卓越师范生要开展科学探究必须掌握一定的方法。一般的科学方法包括科学的学习方法、科学的解决问题的方法、科学的思维方法、科学的实验方法等。科学的学习方法包括科学的观察事物的方法（提高观察能力的理性原则，善于在观察中排除错觉）、科学的理解方法、科学的记忆方法等。科学的解决问题的方法包括科学的解释自然现象的方法、科学的论证观点或理论的方法、程序性解决问题的方法和创造性解决问题的方法等。科学的思维方法包括：形式推理思维方法，如归纳、演绎与类比等；辩证思维方法，如分析与综合方法、科学抽象等；形象思维方法，如想象、比喻、夸张等；直觉思维方法；批判性思维方法等。科学的实验方法包括实验设计、操作、现象解释、实验数据处理以及计算机操作等。

3. 正确对待科学情感态度与价值观

　　从事科学教学工作的教师，要充满对科学的极大兴趣，愿意把毕生都献给与科学有关的职业或事业，觉得从事与科学相关的工作是一件无比自豪的事情；具有严谨求实、勇于创新的科学精神；在科学实践中，要有为追求真理而学习与生活的志向，多问几个为什么，不断探索科学的真谛；坚信自然界的变化是有规律可循的，自然规律是可以被认识的，能合乎理性地认识客观世界；在认识自然规律的过程中，具有追求程序、和谐严格、统一、精致与完备的审美价值观念；坚持实事求是的态度，即支持客观，摒弃先验，尊重权威但不迷信权威，依据自然界的实际去探索它的规律；具有"实践是检验真理的唯一标准"的观念，即能通过不断的观察、实践获得经验与数据，并在此基础上通过理性思维，提炼概念，形成理论，给出规律性的说明。从事科学教学的教师特别应具有科学的创新精神。在新的事实与经验面前，敢于对原有理论进行质疑与批判；能独立地思考并提出自己的新见解，锐意开拓进取，敢于超越前人；乐于研究新问题，接受新的事物和新的观点。

　　科学情感态度与价值观在传统的教育中容易被忽视，没有让学生真正领略到科学教育的本质。科学情感态度的获得并不是通过概念化的说教，而是应让学生在科学探究活动中自己去体验、理解并逐渐养成。体验科学活动，体验与应用科学方法，体验科学家的生存方式，理解科学的本质与作用，理解科学与我们自身以及未来的关系，潜移默化地受到科学思维方式的感染与熏陶，并逐渐拥有科学意识与科学精神。

（三）科学探究与科学素养培养的关系

　　科学素养的养成是当今师范教育改革的重要目标之一。有效落实这一目标的关键，是积极主动地开展科学探究活动，这也是基础教育改革所倡导的重要理念。

科学素养的三个核心要素是相互联系的整体，科学素养的培养应以整体发展的观念来进行，既要重视科学知识与技能的掌握，又要加强对科学过程与方法的落实，还要注重科学情感态度与价值观的熏陶。在科学实践活动中，科学探究的活动恰好能把这三个要素统一起来。科学探究活动是以问题为起始出发点，具有实践性、参与性和开放性，能极大地调动学生学习的积极性，使其产生浓厚的兴趣、求知欲和好奇心，培养科学的情感。学生结合已有的知识和技能，大胆质疑，提出问题，做出猜想和假设，这样有利于培养他们的探索精神、质疑批判精神及创新精神。学生寻求能解决问题的依据和证据，定性或定量处理有关的信息和资料，对探究结果做出合理的解释，有助于培养求真、求实和不断创新的精神。

科学探究是科学素养培养的根本途径，科学素养是在科学探究活动中得到提高和发展的，科学素养发展水平的高低直接取决于学生在科学探究活动中主动性和积极性的发挥。在卓越师范生教育中，要转变学生的学习方式，倡导学生自主学习、探究性学习，让学生掌握学习策略，形成终身学习的方法和意识，体验到科学探究的重要性，努力提高科学素养，以适应基础教育改革的需要。科学素养的养成又是开展科学探究的基础，科学探究活动的进行需要有一定的科学知识作为生长点，知识的生长和扩展不是凭空产生的。科学探究活动的顺利进行仅凭基本知识和技能是不够的，还需要理解其活动过程和所采用的方法，并且在活动过程中，保持严谨求实的科学精神和持之以恒的科学态度，只有这样，科学探究活动才能得以顺利开展。因此，科学探究与科学素养的培养相辅相成，相互促进，相互制约。

第三节　构建模块化、选择性、实践性的卓越师范生教育类课程体系

2014 年，教育部启动了卓越教师培养计划，这对师范生提出了更高的要求，也对承担教师教育任务的高校提出了新的目标与挑战。卓越教师培养计划对高校调整人才培养方案定位、提升人才培养质量以及推动教育改革等起到了引领和示范作用。教育部印发了《关于实施卓越教师培养计划的意见》，旨在以实施卓越教师培养计划为抓手，推动高校深化教师培养机制、课程、教学、质量评价等方面的综合改革，以期培养一大批有理想信念、有道德情操、有扎实学识、有仁爱之心的好教师。

一、卓越教师培养计划对教师教育改革提出的要求

针对基础教育改革发展对高素质教师的需求，重点探索本科和教育硕士研究生阶段整体设计、分段考核、连续培养的一体化模式，培养一批信念坚定、基础

扎实、能力突出，能够适应和引领中学教育教学改革的卓越中学教师。针对小学教育的实际需求，重点探索小学全科教师培养模式，培养一批热爱小学教育事业、知识广博、能力全面，能够胜任小学多学科教育教学需要的卓越小学教师。这项改革对师范生提出了更高要求，也对承担教师教育任务的高校提出了新的目标与挑战。在教育教学改革中要求建立模块化的教师教育课程体系，落实《教师教育课程标准（试行）》，打破教育学、心理学、学科教学法"老三门"的课程结构体系，开设模块化、选择性和实践性的教师教育课程。教师教育课程内容方面要求突出实践导向，教学方法方面要求推进以"自主、合作、探究"为主要特征的研究性教学改革，并要求开展规范化的实践教学，探索建立社会评价机制。课程是实现学校培养目标的主要内容与载体，课程设置的合理性、学科体系的优化度是教师教育改革的关键因素。在实施卓越教师培养计划的进程中，教师教育课程改革已成为必然趋势，并要适时而为，与时俱进。

二、卓越师范生教师教育课程建构的目标与原则

（一）卓越师范生教师教育课程建构的目标

1. 通识课程的目标

培养学生良好的思想品德与完善的人格素养，使学生学会做人，学会做事，有良好的社会责任感，能够与人合作，形成正确的世界观、人生观、价值观。

2. 学科专业课程目标

掌握扎实的专业知识与技能，具有较强的创新意识、创新能力，宽口径、厚基础，具备一定的实践能力与灵活的适应能力。

3. 教育学科课程目标

树立现代教育观念并养成专业精神，掌握和理解教育基本理论和技能，形成教育教学实践能力、教育教学反思能力、教育教学研究能力。

（二）卓越师范生教师教育课程建构的原则

1. 教师教育课程的设计要体现当代教育理念

传统课程设计的取向分为学科中心取向、社会中心取向、儿童中心取向等三类。但现在看来，这种分法较为简单，已无法解释日益复杂的课程现象。社会中心、儿童中心这样的概念越来越模糊。现代课程设计则分化出学术理性主义取向、认知发展取向、人本主义取向、社会重建主义取向和科技取向等多元路径。

（1）传统课程设计取向

学科中心取向：注重学科知识本身的逻辑体系，以学科内在结构编排课程内容，强调系统化知识传授及智力训练。例如，数学课程按代数、几何等分支逐步推进，遵循学科严谨性。

社会中心取向：以社会需求为导向，围绕解决现实问题设计课程，如设置环境保护、社区服务等主题课程，培养学生的社会参与能力。

儿童中心取向：关注学习者的兴趣与发展阶段，课程内容基于儿童心理特点设计，如通过游戏化活动引导低龄学生探索科学现象。

（2）现代课程设计取向

学术理性主义取向：延续学科逻辑体系，重视经典知识传承与理性思维培养，如将哲学、高等数学作为培养批判性思维的核心课程。

认知发展取向：依据皮亚杰等认知理论构建课程，强调通过阶梯式任务促进学生思维进阶，如科学课中"假设-实验-验证"的学习循环设计。

人本主义取向：聚焦个体情感与自我实现，采用项目制学习等方式，鼓励学生基于个人价值观选择研究课题。

社会重建主义取向：主张课程应推动社会变革，常以社会公平、全球化议题为切入点，引导学生分析结构性矛盾并提出解决方案。

科技取向：整合信息技术与课程内容，如编程教育、虚拟实验室等，同时关注数字化教学手段对学习效率的提升作用。

不同取向在实际课程设计中常交叉融合。例如，分科课程可能融入认知发展策略，而社会重建主题项目也可能运用科技工具，反映出教育目标与时代需求的动态平衡。

2. 教师教育课程要有利于教师专业化发展

基础教育课程方面的改革持续发展。2001年教育部《基础教育课程改革纲要（试行）》的颁布，标志着基础教育课程改革的全面展开。此次课程改革不仅在行为层面上，而且在课程理念上体现出巨大的变化，对教师专业水准提出了更高的要求。正是在这个意义上，加强对教师教育课程进行改革以适应基础教育课程改革的需要。教师教育课程改革的核心目标是教师的专业发展。教师教育课程必须提供学生终身专业发展的基础，建构教师合理的素质结构，要有利于教师专业化的发展。

从专业发展的角度来看，知识和技能构成了专业发展的基础，这种基础应在通识知识、学科知识、教育理论知识之间取得一定的平衡，因此调整一般文化素质课程、学科专业课程、教育学科课程的比例以及增加教学内容知识的学习是课程改革的当务之急。

三、卓越师范生教育课程结构的建构

在具体的师范生教育课程建构的过程中，课程的来源主要有以下几个方面：对现行的教师教育课程进行扬弃，借鉴国外教师教育课程设置有益的经验，基于教师专业化发展背景下的课程需要，基础教育课程改革教师培训中开发的一些比较实用与成熟的课程。

学科专业课程是养成学生"专业性格"、保障学生学科知识结构的形成及理论思维能力发展的基础。在传统的师范教育课程中，学科专业课程一直享有至高无上的地位，课程门类多、课时多，课程安排集中、成体系，对考试的要求也严格，大多数课程为考试课。从课程设置的比例来看，学科专业课程也占有绝对的优势，大约占 60%～75%，学科本位严重，教师的教育专业训练相当薄弱，教育类课程低于总课时的 10%。这样的安排让学生不得不重视专业课，以至于对教师的素质和能力发展具有重要作用的文化基础课程、教育理论课程和教育实践课程没有得到相应的重视。学生掌握更多的是"教什么"的知识，而对于"怎么教"，缺乏应有的认识。从学科专业课程本身的设置来看，也存在一定的问题：过分强调与中小学学科相对，中小学有什么课程，就相对应地设置什么专业，课程口径狭窄、课程内容单一，过于强调学科知识的纵向延伸，忽视学科知识之间的横向联系。这样的设置难以适应当前中小学教育教学的需要，难以适应当前社会发展的需要。要按照"科学、规范、拓宽"的要求，加强学科基础课程的建设，拓宽专业口径，增加学科之间的交叉综合，开设综合课程，并且应力求实现学科专业课程与教育学科课程的融合。

第四节 师范院校积极应对基础教育课程改革挑战

2022 年 4 月，教育部关于《义务教育课程方案和课程标准（2022 年版）》（以下简称"2022 年版课程标准"）的颁布，标志着我国基础教育课程改革全面迈向核心素养时代。2022 年版课程标准以习近平新时代中国特色社会主义思想为指导，落实立德树人根本任务，强调育人为本，依据"有理想、有本领、有担当"时代新人培养要求，明确了义务教育阶段培养目标。

一、基础教育课程改革：让核心素养落地，为知识运用赋能

2022 年版课程标准有以下特点：各门课程基于培养目标，将党的教育方针具体化细化为学生核心素养发展要求，明确课程应着力培养的正确价值观、必备品格和关键能力；进一步优化了课程设置，九年一体化设计，注重幼小衔接、小学初中衔接，独立设置劳动课程；与时俱进，更新课程内容，改进课程内容组织与呈现形式，注重学科内知识关联、学科间关联；结合课程内容，依据核心素养发

展水平，提出学业质量标准，引导和帮助教师把握教学深度与广度；通过增加学业要求、教学提示、评价案例等，增强指导性。与原标准相比，2022年版课程标准在课程建设、课程内容结构、学业质量标准等方面都有较大变化。

（一）课程建设：以核心素养为导向

2022年版课程标准全面落实培养担当民族复兴大任时代新人的要求，结合义务教育性质及课程定位，将党的教育方针具体细化为各课程应着力培养的学生核心素养，体现正确价值观、必备品格和关键能力的培养要求。如何培养能够担当民族复兴大任的时代新人？从2011年我国实现义务教育全面普及，教育需求从"有学上"转向"上好学"，这个问题就提上了日程。时下，人们的生活、学习、工作方式不断改变，不同价值观念相互碰撞，儿童青少年成长环境深刻变化，也对人才培养提出了新挑战。义务教育深化教育教学改革和"双减"工作要求强化课堂及学校教育主阵地作用，落实这些要求必须对教与学的内容、方式进行改革。

2022年版课程标准根据课程改革自身规律性要求，对原课程标准进行进一步的修订完善。例如，原课程标准学段纵向有机衔接不够，缺乏对"学到什么程度"的具体规定，教师把握教学的深度与广度缺少科学依据，课程实施要求不够明确等，这些都与新形势新要求不相适应，必须有针对性地解决这些问题。

让核心素养落地，是2022年版课程标准的工作重点。核心素养导向，既是课程标准研制工作的主线，也是课程标准文本的主旋律。课程目标的素养导向，有利于转变那种将知识、技能的获得等同于学生发展的目标取向，引领教学实践及教学评价从核心素养视角来促进学生的全面发展。素养与知识不同，它是知识、技能、态度的超越和统整，是人在真实情景中做出某种行为的能力或素质。当前世界范围内的核心素养热潮实质上是教育质量的升级运动，国民的核心素养决定一个国家的核心竞争力与国际地位。课程建设以核心素养为导向，是推进我国社会现代化和人的现代化的需要，也是贯彻党的教育方针、落实立德树人根本任务的具体体现。

（二）课程内容结构：回到知识学习为人服务的初心

核心素养培养如何落实在日常的课程教学中？课程内容是课程标准修订最为实质的问题。课程内容不变，核心素养理念很难落地。2022年版课程标准在课程结构上基于这一目标做了较大调整。例如，整合小学品德与生活、品德与社会和初中原思想品德为"道德与法治"，进行九年一体化设计；改革艺术课程设置，一至七年级以音乐、美术为主线，融入舞蹈、戏剧、影视等内容，八至九年级分项选择开设；科学、综合实践活动开设起始年级提前至一年级；将劳动、信息科技及其所占课时从综合实践活动课程中独立出来。除了课程结构外，更重要的是，课程内容被赋予了新的内涵。例如，地理课程标准，修订前主要是以区域地理学的领域（地球与地图、世界地理、中国地理、乡土地理）平铺设计安排课程内容，学科逻辑很强，但学生学习立场考虑不够；修订后则体现学生学习立场，建构出学科活动与学科知识融为一体的地理学习内容体系，即以认识宇宙环境、地球环境与人类社会关系这条核心线索为主干，将地理工具和参与地理实践这两条支撑线索贯穿其中，形成学科知识与学科活动融为一体的课程内容体系。

2022 年版课程标准超越学科内容观和教学内容观，彰显课程内容观。在课程内容理解上，以学习为中心，不仅包括教什么、学什么的内容问题，还包括怎么教、怎么学的过程方式问题，以及为什么教、为什么学的目的价值问题，甚至还有教得怎么样、学得怎么样的结果水平问题。这种复合型的课程内容观，突出习得知识的学习方式和运用知识的能力和价值，打破死记硬背、题海战术等知识技能训练魔咒，克服高分低能、价值观缺失等乱象。学生可以在主题活动中，通过完成学习任务获得知识和解决问题，亲历实践、探究、体验、反思、合作、交流等深度学习过程，逐步发展核心素养。

课程内容结构化，有利于克服教学中知识点的逐点解析、技能的单项训练等弊端，引导教师主动变革教学实践，从关注知识技能的点状传输自觉变革为关注学生对知识技能的主动学习和思考，关注教学的关联性、整体性，关注学生在主动活动中所形成的知识、技能、过程、方法、态度、品格、境界的综合效应，关注学生核心素养的养成。

基础教育各学科各行其是，形不成育人合力的问题此前并没有被充分重视，2022 年版课程标准增加了跨学科主题学习活动。学校要特别注重结合跨学科主题学习活动，突破学科边界，鼓励教师开展跨学科教研，设计主题鲜明、问题真实的跨学科学习活动。

（三）学业质量标准：从查验知识点到提升解决问题的能力

实施 2022 年版课程标准以后怎么考试，怎么评价？以素养为导向，考试和作业是课程改革中不可忽视的关键领域。例如，对于《马关条约》，以往历史考试通常考什么时间、什么事情、什么内容等，素养立意的考试命题则可能是：《马关条约》签署以后，清政府被迫允许外国人在中国投资办厂；改革开放以后，中国也允许外国人来投资办厂。这两者有什么不同？这不仅考查学生历史知识掌握情况，更主要的是考查学生唯物史观、时空观念、史料实证、历史解释、家国情怀等方面的综合素养。

长期以来，人们习惯将作业作为课堂教学知识与技能巩固的手段。作业过程实际上是从有教师指导的课堂教学过渡到没有教师指导的学生自主学习的过程，对学生的学习兴趣、自主学习能力、自我复原力、自控力、专注力、时间管理等素养提出了一系列要求。因此，作业是培养学生相关核心素养发展的重要手段，而不能仅仅将其窄化为知识技能的巩固。作业具有培养学生核心素养、评价诊断学生核心素养发展水平的双重功能。因此，教师如何设计与实施体现核心素养导向的作业，不仅是 2022 年版课程标准颁布后的难点所在，而且是落实"双减"政策的关键所在。如何设计体现核心素养的作业？单元作业整体设计与实施是目前可操作且有效的实施路径。以单元为单位整体设计作业，有助于避免以课时为单位的零散、孤立、割裂等问题，更加有助于知识的结构化、问题解决的综合化。

2022 年版课程标准强调以核心素养为主轴，构建大任务、大观念或大主题等以问题解决为目标的课程内容结构单位和教学单元组织形态，以此作为学习内容聚合机制和学习动机激发机制，有效归纳、整合学科知识点或主题活动内容，在学习内容安排层面落实减负、增效、提质。2022 年版课程标准描绘了育人蓝图，增强了思想性，系统融入习近平新时代中国特色社会主义思想，强化社会主义先进文化、革命文化、中华优秀传统文化等方面的教育；增强了科学性，遵循学生认知规律，注重与学生生活、社会实际的联系；增强了时代性，注重体现马克思主义中国化最新成果，反映经济社会发展新变化、科学技术进步新成果；增强了整体性，注重学段纵向衔接、学科横向配合；增强了指导性，加强了课程实施指导，做到好用管用。

二、师范院校应积极应对基础教育课程改革挑战

面对基础教育课程教学改革的挑战和机遇，师范院校应顺势而为，统筹谋划面向基础教育的未来教师培养，以全局视野审视把握基础教育课程教学改革、师范人才培育、学生核心素养培养与人和社会发展的关系，源源不断地为基础教育输送堪当大任的"四有"好老师与厚植教育情怀的"大先生"。作为培养未来教师、未来教育家的摇篮，师范院校如何高效助力并积极参与深化国家基础教育课程教学改革，为基础教育高质量发展培养更多卓越教师，成为当前师范院校的共识性问题。

（一）把握基础教育改革的"主旋律"

2022 年版课程标准提出以学生核心素养培养为导向的课程教学变革理念，倡导基于真实情境、问题、任务、项目进行教学方式创新，突破传统教育的局限，构建更加开放、灵活、多元的课程体系；通过优化课程结构，强化课程实践性，以及引入跨学科、综合性的教学内容，为学生搭建连接知识世界与未来社会的桥梁，使学生能够在学习过程中更好地适应未来社会的多元化需求。

在具体内容与举措上，课程教学改革着重推动大单元教学、跨学科主题学习和项目式学习等新型教学模式。大单元教学打破了学科壁垒，通过整合相关知识点，形成更具系统性和连贯性的教学内容，有助于学生构建完整的知识体系。跨学科主题学习鼓励学生从多个视角审视问题，培养其综合分析和解决问题的能力。项目式学习更加注重实践操作，让学生在实践中深化对知识的理解和应用。此外，改革还强调信息技术与教育教学的深度融合，借助现代科技手段创新教学方法和工具，提高教学效果。

总体而言，基础教育课程教学改革是一场深刻的教育变革，旨在通过更新教育理念、优化课程内容、创新教学方法等举措，为国家培养更多具备创新精神和实践能力的优秀人才，回应"培养什么人、怎样培养人、为谁培养人"这一教育的根本问题。

（二）力扛卓越师范人才培养的"新使命"

师范院校作为教师培养的主阵地，承担着推动基础教育课程教学改革的关键责任，需要积极调整培养模式，以适应新时代对教师的要求。

首先，师范院校应成为新课程理念的传播者和践行者。通过更新课程内容、引入前沿教育理论，帮助卓越师范生深入理解课程教学改革的核心理念，如大单元教学、跨学科主题学习等。同时，鼓励卓越师范生在实践中运用这些理念，探索符合我国国情的教育教学方法，促进理论与实践的有效结合。

其次，师范院校应加强与中小学的合作和交流，拓展卓越师范生的实践平台。通过实习、见习等方式，让卓越师范生深入了解基础教育的现状和需求，从而提高他们的教育教学实践能力。

再次，师范院校可以邀请一线优秀教师、教育专家参与课程教学，为卓越师范生提供宝贵的经验和指导，进一步强化其教学技能和专业素养。

最后，师范院校还应发挥科研优势，推动课程教学改革的研究与创新。通过开展教育科研项目，探索课程教学改革的有效路径和方法，为我国基础教育的发展提供科学依据和理论支持。

（三）打好卓越师范生教育应变的"组合拳"

师范院校要将落实卓越师范生教育协同提质计划，作为全方位提高卓越师范生教育质量、携手创建一流师范院校的创新探索，以更强担当、更高标准、更实举措培养党和人民满意的"四有"好老师。

实现卓越师范生教育提质增效，筑牢教育强国根基。卓越师范生教育要以健全中国特色教师教育体系为引领，充分发挥师范院校教师队伍建设主力军作用，面向教师专业发展全生命周期，推进职前培养与职后培训一体化改革，系统提升卓越师范生和在职教师政治品格、师德师风、专业素养等，以高质量教师教育夯实"强师"基础，服务"强教"发展，支撑"强国"建设。立足师范院校培养卓越师范生的第一职责，以教育家精神为统领，实施教师教育提质增效的全方位、全领域改革，培养新时代卓越师范生。

建设理论与实践结合的"双师型"高水平教师教育者队伍。首先，着力提升理论取向教师教育者的实践指导力。师范院校需加强他们与中小学的紧密联系，通过定期组织实地教学观摩、参与教学研讨或直接承担部分教学任务，使他们深入了解基础教育的实际需求。同时，鼓励教师教育者积极参与教学案例的编写和研究，通过分析具体教学情境，提炼出具有普遍指导意义的经验教训，从而提升他们的实践指导能力。其次，补充实践取向专兼职教师教育者队伍。师范院校应积极吸引取得较高学位的一线教师和教研员，他们具备丰富的实践经验和深厚的理论基础，能够为卓越师范生提供更为贴近实际的教学指导。师范院校可以设立专门的岗位，为他们提供必要的支持和保障，确保他们能够充分发挥自己的专业优势。

研制回应基础教育课程教学改革的师范生人才培养方案。首先，明确培养目标。着重培养具有创新精神、实践能力和良好职业道德的高素质教师。培养方案应在注重专业知识传授的同时强化教育情怀和职业素养的培养。其次，优化课程设置。依据基础教育课程教学改革的核心理念，调整现有课程体系，增加与大单元教学、跨学科主题学习、项目式学习等相关的课程内容。同时，引入前沿的教育技术和教育理念，拓宽师范生的视野和知识面。鼓励教师教育者采用案例教学、情境模拟等多样化的教学方法，激发卓越师范生的学习兴趣和参与度。最后，加强实践环节。通过与中小学共建实践基地，实现资源共享和优势互补，提升其教育教学能力。

完善卓越师范生职业素养发展保障体系。首先，建立卓越师范生素养测评体系，定期评估卓越师范生的知识水平、教学技能、职业道德等多方面的素养，及时发现不足并进行有针对性的培养和提升。其次，推进数字化平台建设，利用现代信息技术手段，为卓越师范生提供丰富的在线资源和互动学习空间，打破时间和空间的限制，促进其自主学习和持续进步。再次，加强实践基地建设，与中小学紧密合作，建立稳定的实习实训基地，让卓越师范生在实际教学中锻炼和提升自己的教育教学能力，同时积累宝贵的一线经验。最后，实施"理论+实践"双导师制，配备既有深厚理论知识又有丰富实践经验的导师，实现理论指导与实践操作的有效结合，全面提升卓越师范生的职业素养和综合能力。

面对基础教育课程教学改革的挑战和机遇，师范院校应以教育家精神为指引，通过建设"理论+实践"高水平教师教育者队伍、研制回应基础教育课程教学改革的卓越师范生人才培养方案以及完善师范生职业素养发展保障体系等措施，打好"组合拳"，形成育人合力，统筹谋划面向基础教育的未来教育家培养，为中国式现代化教育体系建设与教育强国建设贡献力量。

第四章　强化卓越师范生职业技能培养与考核

第一节　加强书法、普通话、课件制作能力培养

一、书法艺术教育对卓越师范生素质培养的作用与对策

（一）书法艺术教育与卓越师范生素质培养目标的一致性

教师教育本身就具有双重含义，除了要求师范生具备较高的专业水平外，还对其在道德品格上提出了相对于其他专业更高的要求。各国对教师素质的研究，都得出教师应是集"知识""能力""人格"于一身的专业型人才。在这三个方面，书法艺术教育与卓越师范生素质培养的目标不谋而合，二者皆努力培养拥有广博文化知识、专业技能和高尚人文素养的新时代全面发展的人才。

1. 高尚道德情操的培养

（1）净化心灵，塑造卓越人格

当今教师教育和书法教育都十分关注师范生卓越人格的培养，教育目标应由过去注重三维目标（知识与技能、过程与方法、情感态度与价值观）的达成转变为聚焦核心素养的落实。这一转变意味着教学目标从"知识核心"向"素养核心"的跃升，同时强调"技能核心"向"人本核心"的转变。书法教育也将品格培养放在第一位，这体现出对教师的新要求，不论是自身发展还是教育学生，都应把核心素养，也就是把精神塑造放到第一位。卓越人格的塑造包括许多方面，对于教师来说最重要的莫过于道德的提升与自我价值的认同。傅道春在其主编的《教师的成长与发展》一书中指出："教师的人格直接影响着教学的进行和师生间的传递……教师人格往往是他所领导的学生群体的文化核心，构成核心的人格本身具有一种学习管理和教育的力量。"在教学过程中，教师是主导，学生是主体，教师首先应从思想上与学生产生共鸣，以积极向上的态度影响学生，从而引导学生完成教与学的情感体验。简言之，教师人格是指教师在其职业活动中表现出来的道德品质、情感态度和价值观，并通过道德示范传达给学生。教师人格不仅是个体作为教师这一社会角色所表现出来的道德面貌与特征，还体现在教师的自我意识、情感态度和价值观中。教师教育和书法教育将重点放在这一部分，就是要培养教师具有高尚的师德，德行在先，示范在后。教师人格通过师德、专业魅力和情感

联结构成教育的基础性力量。我们常常说，教师应具有"奉献""责任""诚实""公正""爱心"等美德，教师教育和书法教育正是要培养这些美德，内外兼修是教师素质教育与书法艺术教育的共同目标，习书养性，以德服人。二者皆希望教师能够通过学习，成长为真正具有"教育性"的教师，而不是戴着"面具"，对教师职业有所倦怠的"伪教师"。在未来的职业生涯中，卓越师范生应将自身的人格魅力以正能量传达给教育对象，让每一个生命都具有创造的力量，为社会的发展提供创造的永不枯竭的智慧源泉。

（2）注重对生命的教育

在中国传统生命哲学中，"人"被视为万物主体，使人获得完满生命和本体价值，从而实现自我超越。教师是一个时刻在感受生命、理解生命的职业，一个应始终秉承善良之心、关爱之情的职业。生命教育始终渗透着"以人为本"的理念，应始终注重人的身心健康发展，提升人的整体素质。教师教育与书法教育在某种程度上都是一种"生命教育"，教师在培养自身生命观的同时，还要更多关注学生的生命，教师的职业美就在于"用生命点燃生命"。生命的意义最在乎"同情"与"关照"，其中包含着对生命的尊敬、坚守和成长，不论是自身的还是他人的，都不应被轻易舍弃。教师教育作为培养未来师资力量的主要阶段，承担着让每一个个体直面生命、成长自我的重任，在这一点上，书法艺术教育恰好能够与之相辅相成。书法是生命不同层面的审美表征，从某一点来看，书法就是生命的代表，它极具活力的线条和蕴含人生哲思的深意，无不彰显着对生命的渴求。书法不仅是文字的书写，更是一种生命精神的体现。书法教育引导人进入一个更高的思想境界，让人在浮躁中平静下来，这无疑对教师从业压力的疏导有所帮助，也有助于教师在学习体会之后更加了解生命的意义。培养教师"生命观"的形成，让其更好地适应生活、面对所从事的职业是教师素质培养与书法艺术教育的共同目标。

2. 广博文化知识的培养

（1）人文艺术修养的凝练

教师在自身专业知识之外，还应具备更广博的文化知识，其中人文艺术修养的凝练是不可或缺的。人文艺术锻炼人的内心，使人散发出由内而外的人性光辉与魅力，具备人文气质的教师往往会更受学生的爱戴。教育本身就是一个包罗万象的概念，教授学生更多知识、让学生了解丰富多彩的世界是每一个教师的使命。具有良好人文修养的教师会提升自身的整体气质，也会帮助学生更客观、全面地看待生活，满足学生不同的兴趣和个性发展需求。学识渊博的教师在教学过程中能更好地解读和理解知识，使学生对知识的掌握更加全面和深入。学识渊博的教师能够从多个角度和维度讲解知识，使学生能够有更多的思考和探索空间。这也是教师专业发展的需要。培养教师素质就是要让教师成为一名内在充实的博学之人，与之相呼应的书法教育是一门人文性与艺术性很强的学科，对于凝练气质、深修涵养有很大帮助。

（2）哲学思想的渗透

通过人文知识能让人学会了解世界，艺术能让人学会欣赏生活，哲学能让人学会思考人生，更深层次地认识自我、对待他人。作为所有学科的核心，哲学折射出人生观并提供世界观和方法论，它直接反映人的内心世界，作为一种引导，在人们迷惑时给予其力量并指明方向。树立正确的世界观、人生观和价值观可以帮助我们更好地认识世界，规划人生，做出正确的选择。教育的目的是培养"全人"，即个体的自我实现和精神成长。教育是人的灵魂的教育，而非理论知识和认识的堆积。这表明教育的最终目标不是简单地传授知识和技能，而是引导个体去认识自我、探索生命的意义并实现精神层面的超越。书法艺术教育蕴含着高深的哲学思想，黑白、顺逆、疏密、动静的辩证结合，创造无限、延伸无穷的自然观、生命观，都体现着丰富的哲学美。教师教育与书法教育相结合，会进一步加强教师哲学思想的形成，从而对人生有更加正确的把握。

3. 教师能力的培养与训练

（1）书写能力

在书法艺术教育中，一横一竖都被赋予含义，虽然看似简单，却耐人寻味。汉字结构遵循外圆内方，实则是源自中国一直以来"天圆地方"的哲学思想。宇宙之大，世间无穷，横竖之间就可以包罗万象。书法艺术以汉字为基础，强调笔法。执笔时讲究姿态端正，手持有力，握笔精准，通过指、腕、臂的配合，使书写有道，行笔如云。用笔时笔锋尽显，收放自如，虚实结合，回转相间，正所谓"运笔有起止，有缓急，有映带，有回环，有轻重，有转折，有虚实，有偏正，有藏锋，有露锋"。即使看似最简单的笔法，也蕴含着值得深思的哲理。用笔端正者，多做人不阿；行笔流畅者，多处事通达；书写应手者，多心智明净。执笔用笔的精髓，是历代书法家智慧的集合和思想的结晶，只有勤学苦练，多加揣测，才能感受到书法的无限魅力。书写能力是教师技能中很重要的组成部分，它直接影响着教师上课质量。教师书写技能包括对粉笔字、钢笔字、毛笔字的掌握。粉笔字反映在板书的设计与书写上，是教师课堂教学的关键部分，具有极强的示范功能；钢笔字书写主要运用在教案书写、批改作业当中，运用范围较为广泛，有助于教师形象的提升；在现代教学中，毛笔虽不是主要工具，但许多学校已把毛笔字技能训练作为改善教师气质、培养内涵、建设校园文化的主要途径，并通过对毛笔字的练习，奠定钢笔字、粉笔字的基础。教师是学生成长过程中的引路人，如果一位教师字迹潦草、经常出现笔顺笔画错误，其长时间的教学过程很可能给学生带来不良影响。尤其在基础教育阶段，教师更应该以身作则，把积极向上的态度传递给学生。

（2）审美能力

黑格尔说过："审美常有令人解放的性质。"审美是人的一种精神文化活动，是超越与复归的统一，通过对感官世界的体验，使精神摆脱"自我"的束缚，得到自由与释放。书法作为一种极富视觉美的艺术，带给人们内心的触动是不容小觑的，当书者的情感自然流露，观者与书者情感达到统一时，就会产生审美意识。书法艺术教育最重要的目标之一就是培养卓越师范生的审美能力。它以审美为核心，通过师范生对美好事物的感受，引起感情的激荡，产生思想的共鸣，在愉悦中接受教育，达到陶冶性情的目的。学习书法能够修身养性、磨炼意志，更能够从中陶冶性情、感悟人生，在观察书写的过程中提高自身的审美能力和创造能力。只有不断加强师范生感受美、欣赏美、表现美，才能让他们领悟美的内涵和价值，提升个人美学修养和综合素质。当情感升华、境界提升，教师会从心底体会到教育的意义，而不是表面肤浅的理解，通过审美活动，及时调节、释放情绪，以良好的状态投入工作中，并引导学生在学习成长中拥有乐观的心态，以迎接未来的困难与挑战。

（3）想象力与创造力

世界的发展靠创造，墨守成规是一个民族走向衰亡的开始。美国著名美学家苏珊·朗格（Susanne Langer）在其所著的《艺术问题》一书中指出："想象或许是人类所具备的一种最古老的精神活动，它比理性能力要早得多，它甚至还是梦幻、理性和一切概括性观察力的共同源泉。"想象力是社会前进的不竭动力，创造力的培养与想象也是分不开的。拥有想象力和创造力的人，一定是热爱生活、敢于挑战的人。著名教育家陶行知先生说过："教育的最高境界就是创造。"的确，教育就是创造可能、创造希望的活动，教师就是这项活动的领导者，照本宣科只会成为一名教书匠，能够带领学生充分发挥想象力，开拓思维创造未来才是真正优秀的教师。科学表明，右脑是想象力、形象思维活动的中心，而书法教育是右脑开发的有效途径之一。书法艺术是汉字的书写艺术，汉字作为艺术创作的素材，为书写者提供了发挥其创造思维和创造能力的广阔天地。通过学习中国书法，卓越师范生可以更加了解汉字、了解其中隐喻的哲思，并在创作的过程中锻炼思维、开发智力，将习字之中收获的创造灵感应用到未来所教授的学科之中，使其得到更好的发展。

（二）书法教育对提高卓越师范生素养的对策

1. 构建高校书法教育体系，全面提高卓越师范生综合素质

针对高校书法教育中存在的一系列问题，构建完善的书法教育体系就显得尤为重要。高校应建立从课内到课外一体化的书法教育体系，在课堂中注重多种教学方法的运用，加强师范生自主学习的能力，在课外充分发挥书法的影响

作用，使每一个师范生都积极参与到校园书法文化的建设中来，从而提高其综合素质。

（1）建立合理的卓越师范生书法课程

多种教学法与学习法的运用。在书法学习过程中可以运用多种教学方法与学习方法结合的方法，提高卓越师范生的书写能力，并让他们在不断探索实践中增长知识、丰富阅历、修身养性。充分开展探讨活动，让师范生在自主合作中共同进步。发挥每一个个体的主观能动性，学会从合作中收获快乐，使每个师范生发挥各自优势，在提高自身修养的同时学会更多新知识。

书法技能课与鉴赏课相结合，加大书法通识课的开设力度。卓越师范生书法虽重实践，但与此同时也不能忽视书法鉴赏能力的培养。鉴赏课程作为辅助课程，旨在让学生养成良好的艺术修养文化底蕴，通过书法的熏陶，丰富内心、培养积极向上的生活态度。书法鉴赏重在愉悦身心、陶冶性情，通过审美品格的培养，促进师范生全面健康的发展，它的价值不仅仅是认识几个书法名家、懂得些许名画名作那么简单，更多在于笔墨背后的深刻内涵，以哲学明化人、以艺术感染人。书法艺术教育在于引导师范生以一种艺术化的视角来审视和感知世界。艺术并非仅关乎技巧，而是更深层次地触及心灵。

由于师范生书法必修课课时较少，上课内容又多以学习技法为主，所以需要加大书法通识课程的开设力度。《全国普通高等学校公共艺术课程指导方案》明确指出了公共艺术课程的重要作用。公共艺术课程可以辅助必修课程，满足卓越师范生对艺术各个方面的需求，促进师范生全面健康的发展。通过书法通识课，增强书法鉴赏能力、艺术审美能力，是师范生综合素质培养的有效途径。

（2）开展丰富的课外书法活动

校园书法文化建设。除了课堂书法学习外，提高卓越师范生的未来教师素质还要靠校园书法文化的建设。良好的书法文化氛围有助于促进学生更好地融入书法学习。学习书法不仅能提升个人修养和艺术审美能力，还对身心健康、综合素质及文化传承有显著提升作用。具体而言，学习书法对性格塑造、文化知识、能力培养、身心健康等有积极影响。学生需要展示自我的平台，通过书法活动的开展，可以为更多有特长、有需要的学生提供机会，实现"课上学习"与"课后深入"的统一，将书法真正融入每一个师范生的生活之中。

参加书法展览、讲座。书法教育不在一朝一夕，除了校园书法文化的建设，师范生书法教育体系还应扩展到生活书法大氛围中，鼓励学生走出校园，多参加书法相关展览、讲座，感受身边的书法教育。书法大氛围的创建会更好地促进学校书法教学活动的开展，并使更多人参与弘扬传统文化的队伍中，使之得以传承并发扬光大。

书法活动的开展不仅能丰富学生的课余生活，还能让更多人参与书法学习中，养成自然学习书法、弘扬传统文化的意识，开发想象力与创造力。师范生学习书法的平台不再仅局限于课堂，而是围绕在生活之中，慢慢形成习惯，使师范生真正爱上书法、爱上艺术，变被动为主动。

2. 加强卓越师范生的书法教育培训，实现卓越师范生素质的持续提升

"书法进课堂"相关政策提出后，卓越师范生书法教育培训工作也被提上日程。通过教育部门统一培训可以培养出一批带动书法教育、教学的未来教师，还可以通过以点带面，使更多的教师重视书法学习，由教师带动教师，教师再带动学生，推动书法教育的全面开展与教师素质的综合培养。除了提升卓越师范生的书写技能，还要加强其书法艺术素养的提高，学习内容涵盖书写笔法、临帖方法、书法欣赏等方面。在课程设置上，应采用阶段性教学，除传统面授方式外，还应配合网络课程、自学等方式，这在一定程度上可以有效地拓展书法学习的途径，增加灵活度。

新课标当中明确强调了汉字学习的方向：不仅要会识字，还要会解字。卓越师范生的书法培训工作要慢慢发展成规范化、系统化的培训体制，培训内容也应更丰富、更完善。

3. 推进"书法进课堂"，在实践中培养卓越师范生素质

（1）建立中小学与高校的伙伴协作关系

为了加强中小学教育教学水平，提升书法教学质量，可以从大学选派优秀书法教师走进中小学课堂，指导书法教学工作。大学专家"进课堂"开辟了中小学与大学协作关系的新路径，不仅为中小学提供了更为丰富的教师资源，而且强化了大学整体教学水平的专业程度。

（2）创立特色校本文化

教师的发展和学生的成长与优秀校本文化是分不开的，学校是育人的场所，不仅要传授知识，还要通过文化的方式培育学生、感染学生。校本文化的建设是一个长期的过程，需要结合本校特色，挖掘、总结、概括自身的文化基因，加以倡导和巩固，使之成为一种精神力量，从而规范师生言行，构建文化内核，提升教师的整体素质。

教师需要通过"书法"这样的人文艺术途径去修养内心、锻炼品格，教育也需要具有良好人文艺术修养的教师去发扬光大。教师是一种标志、榜样，教师素质的提升是各方面发展进步的有力保障，书法艺术教育是教师素质培养的一种途径，只有不断加强职前职后书法一体化教育，高校、中小学、教育部门有力配合，才能进一步发挥书法艺术教育对教师素质培养的促进作用；只有每一位教师都积极参与到自身素质培养与书法教育事业中，中国的传统文化才会流芳百世，中国教育的未来才会满载希望。

二、提高卓越师范生普通话水平的途径和方法

随着社会的发展，人们在各类领域交流越来越广泛，普通话在现实生活中的应用也越来越重要。一个人的普通话水平与其给人的第一印象有很大的联系，所以提升普通话水平已经成为全社会的话题。对于师范生来说，较高的普通话水平更成为他们最基本的素质要求。大学校园中的学生来自祖国的四面八方，属于不同的民族，部分学生说的虽然是"普通话"，但是仍然带有较重的口音，不标准的普通话或多或少地会影响与他人的交流，甚至会使自己产生自卑而不愿意与他人交流，这也会严重影响人际关系的发展。那么如何提高卓越师范生的普通话水平呢？可以从以下几个方面入手。

（一）从基础抓起

一个人的说话习惯不是一朝一夕养成的，而是一个日积月累的过程。所以，要提高学生的普通话水平也不能急于求成，操之过急会给学生造成较大的学习压力，达不到预期的提高效果，甚至对学生的语言水平没有促进作用，使学生丧失学习的信心。所以，要提高学生的语言水平，需要制订长期的计划。提高普通话水平是一个长期坚持的过程。不能在训练的开始就布置较难的任务，而是要从基础抓起。学生的普通话不标准主要是因为发音不够标准，一方面是受方言影响，不能准确地发音，另一方面则是由于学习上的失误导致的误读。所以要提高学生的普通话水平，首先要让学生练习准确的发音。教师要教学生掌握发音技巧，如声母、韵母、平卷舌的区分等。通过平卷舌的区分和联系可以纠正那些不是因为方言影响而只是由于平卷舌区分不准确造成的普通话发音不标准。

（二）实施等级考试

学生普通话的掌握程度不同，应用普通话能力有很大差距。要提高学生的普通话水平，首先要让学生明确自己的语言水平处于什么阶段，这样学生才能根据自己的能力设计符合自己发展的提升计划，避免由于对自身能力缺乏准确的了解而盲目地制订计划，或者以他人为标准制订不符合自身能力的计划；否则不但不能帮助学生进步，还有可能会导致学生因为制定了过高的要求而丧失了语言学习的积极性。应该鼓励所有学生参加普通话等级考试。根据普通话等级考试的标准，为学生设置考试内容，并且分为不同的级别，让学生在不断加强的普通话练习中感受自身能力的变化，从而促进学生提高普通话水平的积极性。

（三）针对不同学生因材施教

高等院校的学生来自不同的地域、不同的民族，其普通话水平参差不齐，这些差异是教师在帮助学生提高普通话水平的过程中必须考虑的问题。如果不考虑

学生的特点，而是进行统一的教学，必然会有一部分学生由于自身的原因而不能得到有效的提高。教师在提升学生普通话水平的过程中要注意因材施教。教师可以根据学生的特点和学生现阶段所处的语言水平，对学生进行合理的分类，针对不同学生需要，设计不同的教学内容和练习内容，使学生在符合自身特点的语言环境中进行普通话的训练，使其语言水平达到最大限度的提升。教师也可以根据不同的内容开展模块式教学，让学生根据自身的需要选择符合自己的学习内容，这样更有利于学生在普通话水平上的提升。

（四）开展主题活动，促进普通话应用

要提高学生的普通话水平，就要给学生提供更多的应用普通话的机会，让学生在应用中发现自己在普通话学习上的不足，从而在平时的训练中，针对自己的不足不断进行强化和提高。教师在平时的教学中要注意对学生普通话应用能力的培养。开展语言类的专题活动不仅对学生的语言学习有很大的促进作用，而且对师范生的讲课能力也有重要的促进作用。所以，可以将锻炼学生讲课能力和提高学生普通话水平结合起来设计主题活动。例如，可以设置教师技能比赛，以"教师生涯中的第一堂课"为主题，让学生根据自身特点，设计授课内容，促进学生对普通话的练习。除此以外，还可以组织学生开展演讲和辩论类的主题活动，这对学生普通话水平的提高也有很大的帮助，教师在平时要注意结合学生实际，多为学生设计此类活动，以提升学生的普通话应用能力。

三、卓越师范生多媒体课件制作能力培养

随着新一轮基础教育课程改革的推进，教师角色正在悄悄发生变化，师范生作为未来的师资力量应该适应社会需求。随着科技的发展，社会对师范生多媒体课件制作能力的要求越来越高。如何提高师范生多媒体课件制作能力已成为目前高校亟待解决的问题之一。

（一）有关多媒体课件制作能力的解读

多媒体课件制作主要包括课件设计和课件制作两大环节。课件设计主要涉及课件总体设计规划、教学内容设计、课件交互设计、课件界面设计等方面。课件制作主要通过多种计算机工具软件的合理运用采集、处理和整合多媒体素材，最终制作出切合教学需要，能够用来解决一定教学问题的课件过程。多媒体课件制作能力主要涉及教学设计、学科素材收集、制作、整合等各方面工作实践的综合能力。由此可以看出，师范生多媒体课件制作能力的培养不是哪一门课程单独能实现的，也不是可以一蹴而就的，而是需要一个完善的课程体系通过科学的安排、较长时间的教学实践去完成。

（二）目前师范生在多媒体课件制作学习上存在的问题

从教学情况看，对于多媒体课件制作相关课程，特别是计算机操作课程，师范生在主观认知上存在一些误区，如重视工具的选择，忽视教学的需求。学生在最初接触课件制作时会有些感性化，觉得应该学习一些最新的、最流行的软件。其实不然。首先，软件更新速度非常快，即使目前是最新的，等学生毕业后也可能已过时，学习应该学之"渔"；其次，无论什么软件都只是实现教学最优化的一个工具，所以，不能本末倒置，而应该是重视从教学设计出发考虑所做出的最适合的工具的选择。

1. 重视知识的呈现，忽视教学的设计

由于缺少实践教学经验，学生在课件制作时抓不住重点，不知道什么地方应该下功夫去设计，结果把课件制作变成了简单的知识点罗列，使得课件成为教材的翻版或者黑板的"复印件"。课件制作不是把所有的知识点呈现出来就可以了，而是需要从目的性、启发性等出发进行课件的设计。例如：从整体来看，需要考虑是要将课件制作成一个资源库、一个演示平台还是一个探究工具，这将决定课件整体的设计方向；从某个细节来看，如所学知识点距离学生现实生活比较远，学生难以理解，就可以通过课件给学生创设良好的学习情境。为了创设良好的学习情境，可以考虑通过动画、声音、视频等素材的有机整合来实现，这些素材也不是简单罗列就可以了，还需要精心设计，如使用什么样的界面、什么样的交互形式等，以实现教学效果的最优化。

2. 重视形式的美化，忽视与内容的贴合性

课件制作的初学者往往喜欢把界面设计得非常花哨，似乎很重视形式的美化，但重点不突出，这是不可取的。不同师范专业的学生在多媒体课件制作相关课程的学习兴趣上体现出不同：一些技能性比较强的专业，如体育、音乐、美术等，这些专业的学生兴趣淡一些；语文、物理、数学、英语等专业的学生兴趣浓一些。究其原因有二：其一，对于技能性较强的专业，由于其学习评价结果非常明显，学生更为关注技能本身，而忽视了去思考如何更好地进行技能学习；其二，教师本身在自己的专业教学过程中对教学改革的研究不够，不能让学生在潜移默化中理解课件在教学过程中的重要作用。

（三）培养卓越师范生多媒体课件制作能力

1. 树立卓越师范生正确的课件制作观念

思想决定行为，只有树立了正确的课件制作观念，才能在学习过程中少走弯

路，事半功倍。课件是为教学服务的，不是任何教学问题都要用课件去解决。课件中所有对象的设计、呈现都有明确的目的。教学过程中教学重点的突出、教学难点的突破都可以作为课件设计的着眼点。每一种工具软件都既有其优势，也有其劣势，在课件制作时需要选择最有利于教学目标实现的工具。这样一些正确的课件制作观念的形成需要所有本专业任课教师的共同努力，言传身教，这就对教师提出了较高的要求。学校应该先从教师课件制作能力的提高出发，为学生课件制作能力的培养奠定基础。

2. 重视卓越师范生教学设计能力的培养

鼓励中高年级师范生在教师的帮助下开展本专业教学内容教学设计的研究。课件制作需要从教学需求出发，注重教学设计。教学设计是课件制作开展的基础，没有好的教学设计就不可能制作出优秀的教学课件。师范院校一般都开设有教育学、心理学、现代教育技术、学科教材教法等课程，这些课程的学习是学生教学设计能力提高的基石。中高年级师范生对自己的专业有了个人的理解，可以安排他们针对同一教学内容同时进行教学设计，然后安排讨论交流，教师再给予指点总结，甚至可以安排学生进入一线教学现场观摩同一教学内容其他教师的设计，这样的实践教学对于提高学生的教学设计能力非常有帮助。另外，在教学设计能力培养的过程中，学生会因为理论学习相对枯燥而产生厌烦心理，需要在教学过程中把握好时机合理引导。

3. 提高卓越师范生的数字素养和艺术素养

卓越教师培养计划 2.0 强调深化信息技术助推教育教学改革，推动人工智能、智慧学习环境等新技术与教师教育课程全方位融合。未来教师应具备数字化意识、数字技术知识与技能、数字化应用、数字社会责任以及专业发展等五个维度的数字素养，促进数字技术与教育教学的深度融合与应用创新。充分利用虚拟现实、增强现实和混合现实等，建设开发一批交互性、情境化的教师教育课程资源。及时吸收基础教育改革发展最新成果，开设模块化的教师教育课程，精选中小学教育教学和教师培训优秀案例，建立短小实用的微视频和结构化、能够进行深度分析的课例库。加快建设国家教师教育精品在线开放课程，推广翻转课堂、混合式教学等新型教学模式，形成线上教学与线下教学有机结合、深度融通的自主、合作、探究式学习模式。创新在线学习学分管理、学籍管理、学业成绩评价等制度，大力支持名师名课等优质资源共享。利用大数据、云计算等技术，对课程教学实施情况进行监测，有效诊断、评价师范生学习状况和教学质量，为教师、教学管理人员等进行教学决策、提高教学质量、保证教学效果提供参考依据。

如何实现多媒体应用能力的提高是关键，这就需要注意提高卓越师范生的数字素养和艺术素养。要根据不同专业课程内容的特点，选择合适的工具软件重点向学生介绍。例如，语言类专业课程或者音乐专业课程可能更多的知识点或者重难点集中在听觉类，就应该相对侧重听觉媒体工具软件的介绍，如 GoldWave等；物理、化学、体育等专业课程可能更多倾向过程性信息的呈现，就应该倾向视频、动画等工具软件的学习，如 Flash 等；数学专业可以重点学习几何画板。各工具软件的学习应该紧密结合各专业基础教育中的内容。设计好教学内容，选择好开发工具后，需要对课件进行整体规划设计后再着手制作课件。课件的整体规划设计是课件制作的指挥棒，在整个课件制作过程中起着举足轻重的作用，要做好这项工作，就需要灵活运用教育学、心理学等学科中的相关理论，使整个设计能够更加符合学生的认知规律，为教学目标更顺利的实现创造条件。课件不仅要实用，还要美观，才能更好地为教学服务。所以师范生还需要在艺术修养方面下功夫。学校可以通过一些美育课程，如美术欣赏、影视鉴赏等选修课，让学生耳濡目染，不断提高艺术水平，为自己制作出精美、富有吸引力的课件奠定基础。

多媒体课件可增加课件教学的信息量，可以更好地激发学生的学习兴趣，可以使课堂更加生动，可以大大丰富课堂教学手段，进而更好地推进教学改革……多媒体课件在教学过程中表现出越来越旺盛的生命力。但是，不能无限放大课件的作用，课件不是万能的，它只是辅助教学的一个手段而已。制作、利用课件最终的目的是实现教学目标、突出教学重点、解决教学难点，从而提高教学效果。只要是对完成教学目标任务、实现教学最优化有利的做法都是值得提倡的。

第二节　创新卓越师范生教育见习、实习、研习实践教学模式

为了促进师范生教学实践能力提升，需要建立专业实践社群，完善"见习、实习和研习一体化"的实践教学体系。创建以师范生、理论导师和实践导师为主体的专业实践社群，通过互相衔接的专题见习、教育实习和课题研习，将实践能力的提升贯穿于师范生培养全过程。见习主要是让师范生通过参观学校、课堂了解多样的教育现实，实习主要是让师范生在理论和实践导师的指导下独立进行教育教学实践，研习主要是围绕实践观察和体验，通过课堂研究、个人反思和团体分享深化专业理解。

一、基于"中小学教师专业标准"的教育教学实践模式

首先，国家教师专业发展的相关政策要求强化教育教学实践训练。教育教学实践是高等师范教育的重要组成部分，是贯彻落实理论联系实际原则、体现教师

教育特色的综合实践课程，在确保师范教育人才培养规格方面具有特殊功能。长期以来，如何扎实而卓有成效地开展教育教学实践训练，一直是困扰职前教师教育的老大难问题，师范生的从师技能和实践经验薄弱成为制约师范教育质量的"短板"。为此，教育部近年来出台的有关教师教育改革的重要文件均强调教育教学实践训练。《中学教师专业标准（试行）》强调"能力为重"，从教学设计、教学实施、班级管理与教育活动、教育教学评价、沟通与合作、反思与发展等十四个领域建构教师专业能力结构，为教师能力培养指出了明确的方向。《教师教育课程标准（试行）》指出："教师教育课程应强化实践意识，关注现实问题，体现教育改革与发展对教师的新要求。教师教育课程应引导未来教师参与和研究基础教育改革，主动建构教育知识，发展实践能力；引导未来教师发现和解决实际问题，创新教育教学模式，形成个人的教学风格和实践智慧。"师范生必须具有观摩教育教学实践的经历与体验；具有参与教育教学实践的经历与体验；具有研究教育教学实践的经历与体验。《教育部关于大力推进教师教育课程改革的意见》也指出："加强师范生职业基本技能训练，加强教育见习，提供更多观摩名师讲课的机会。师范生到中小学和幼儿园教育实践不少于一个学期。"

基于"标准"建构的教师专业能力结构模型是很复杂的，既包括传统的"三字一话"①基本技能，又包括教学设计能力、教学实施能力、教学评价能力、班级管理能力，还涵盖教育研究能力、课程开发能力、合作共研能力、心理健康教育能力等。教育心理学研究和教师教育实践表明，这种专业能力的形成，不是靠单纯的理论教学或短期"突击性"实践锻炼所能解决的，它需要一个反复的、系统而连贯的实践训练过程，需要根据学生成长过程和能力形成的关键期，合理安排实践教学的时间和步骤，遵循从简单到复杂、从低级到高级、从局部到整体，逐步积累和深化的训练规律。这就启示我们，强化教育教学实践训练，并不意味着简单延长中小学教育实习的时间，教育教学实践能力培养必须贯彻"针对性训练"的理念，强化实践训练的理论指导，必须符合前后衔接、逐次提升的实践能力形成机制。另外，从各高校组织安排师范生教育实习的实际情况来看，《教育部关于大力推进教师教育课程改革的意见》提出的"师范生到中小学和幼儿园教育实践不少于一个学期"的要求很难贯彻落实。尽管我国高等教育已经实现大众化，在东部沿海发达地区甚至趋于普及化，但普通中学依然面临着追求升学率的巨大压力。这种压力不仅来自校际的竞争，而且来自家长和政府的评价。一些地方政府依然习惯于用升学率评价当地教育工作和学校办学水平，实际上形成了片面追求升学率的奖惩机制，极大地加重了学校的负担。实习学校担心因接受师范生教育实习而影响教学质量，进而影响学校的社会声誉。家长作为学校教育的"利益主体"，也高度关注学校的改革与发展，甚至关注教师资源的配置，他们通常不会"容

---

① "三字一话"是指钢笔字、毛笔字、粉笔字和普通话，是师范生的基本技能之一，也是教师从业的基本功。

忍"学校把自己的孩子交给实习生"实习"半年。怎样的教育实践模式才是科学合理而且符合我国国情的？这是当下贯彻落实《教师教育课程标准（试行）》、深化教师教育改革必须回答的现实问题。

二、如何利用教育见习培养卓越师范生教学实践能力

教育见习不同于教育实习。见习是师范生在校学习期间某个较短时间内的实践活动，如去某个学校听课一星期。教育实习是在基本完成所有课程之后才展开的。如何更好地利用教育见习的机会让师范生在校学习的理论发挥作用，增强师范生的实践能力，是本书需要探讨的问题。

（一）教学实践能力

卓越教师培养计划 2.0 要求设置数量充足、内容丰富的实践课程，建立健全贯穿培养全程的实践教学体系，确保实践教学前后衔接、阶梯递进，实践教学与理论教学有机结合、相互促进。全面落实高校教师与优秀中小学教师共同指导教育实践的"双导师制"，为师范生提供全方位、及时有效的实践指导。推进师范专业教学实验室、师范生教育教学技能实训教室和师范生自主研训与考核数字化平台建设，强化师范生教学基本功和教学技能训练与考核。建设教育实践管理信息系统平台，推进教育实践全过程管理，做到见习前有明确要求、见习中有监督指导、见习后有考核评价。遴选建设一批优质教育实践基地，在师范生教育实践和专业实践、教师教育师资兼职任教等方面建立合作共赢长效机制。教学实践能力是面临各种教学情景时表现出来的各种能力的综合，是完成教育教学任务的关键，根据教学环节的顺序，可以分为课堂设计能力、教学实施能力、教学评价能力等。

1. 课堂设计能力

课堂设计是教师课前需要做好的各方面准备活动，包括钻研教材与相应学科的课程标准，了解学生的认知基础和学习习惯，合理设计教学活动以及预设课堂突发情况等。课堂设计能力是教师在课堂教学之前，根据教学目的的要求，预先设计教学程序、确定教学方法、选择教学内容等事项的创造性本领。

2. 教学实施能力

教学实施能力是教师在课堂上实施教学方案、解决具体教学问题，进而实现教学目标的能力，是教师有效开展教学活动的核心素养，主要包括教学媒体和技术的应用能力、教学交流与沟通能力、课堂协调能力、学业指导能力等。这不仅要求教师能够顺利完成一节课，更要求教师能够灵活地处理课堂中的意外情况，平衡好课前的预设与课堂生成的关系。同时，教师个人的素养也对课堂实施效果

有重要的影响。例如，教师的学识、修养、面部表情、穿着以及语言表达等都是影响因素。

3. 教学评价能力

教学评价包含两个方面：对教学本身的评价以及对学生的评价。对教学本身的评价又可分为对教育教学环节的评价以及对教师课堂表现的评价。对学生的评价是对学生是否达成教学目标的判断。教学评价能力是教师自我发展的重要能力，是教师更好地了解学生学习情况的关键环节，因此也应该是师范生在校期间应初步掌握的技能。

（二）教育见习存在的问题及其原因分析

1. 师范院校与见习学校缺少交流

高校指导教师与见习学校教师之间没有充分做到互相促进、互通信息和交流沟通。对于见习学校而言，中小学教师平时就有较为繁重的教学任务，加上见习生人数较多，不可能有太多时间与见习带队教师交流见习生的情况，更多的是通过最后的评分反映见习情况。若评分机制本就不够细致，那么最后反馈回高校的信息就只能是学生笼统的表现，而不清楚学生在哪些方面还需要改进，也就无法利用见习信息及时改进大学相关教学，最后只能在学生大学最后一个学年通过实习了解目前中小学的教师需求，无形中便错过了较好的改进机会。如果能及时了解学生见习过程中的不足，就能够在学生的大学生涯中有针对性地改进问题，从而更好地促进教学改革，提高学生的教学实践能力。

2. 相关课程学习未能与见习有机结合

在教育见习中，学生首次将理论知识用于实践，是从课本知识学习到实践应用的初始阶段，也是从理性认识到感性认识的第一次转换，还是学生教育实践知识形成的第一阶段。从课程设置的角度看，许多学者认为现今师范院校课程设置不合理、内容陈旧……，没有与新时期教育实际相结合。但是，教育理论本就是从教育现象中总结出来，有些几百年甚至几千年前的教育观点在如今仍然适用。学生所学的教育学、心理学之所以让他们感觉没什么用，有时候并不是课程内容设置不够合理，而是他们不能在实践中感受到知识的用处。这就造成了教育见习和课程内容看似脱节的情况，影响了学生教学能力的提升。

3. 学生对教育见习认识不足

有些见习生认为见习就是去中小学体验作为一名教师的感觉。例如，可以近距离接近中小学学生，有更多机会接触一线教师。这是见习生普遍存在的对见习目的不清楚的问题。还有些见习生认为见习就是去跟班，熟悉现今中小学的班级管理模式，听听有经验的教师讲课，最后写几篇总结和听课记录完成任务等。这些理解都是片面的。从以往的经验来看，见习生对见习的反思大多只是觉得自己经验不足，要学习的东西很多，很少能够从中得到更多的反思总结，尤其是对见习能够提高自己哪方面的能力以及在往后的学习中要加强哪方面并没有太多的思考。如果见习生只将见习当成是纯粹的感性体验，没有从理性的角度深入思考见习过程中发现的不足，只是像写日记一样记录见习生活，那么见习的作用将大打折扣。

4. 见习评价方法过于单一且内容笼统

对见习生的评价多数时候来源于见习学校指导教师的打分和见习生完成的见习作业。见习作业包括听课记录、见习总结、见习日志等。虽然学生要完成的见习作业比较多，但内容通常比较笼统，没有对整个见习过程从各个方面进行细化。从教学实践能力的角度看，学生在见习过程中有没有对课堂设计有新的理解，有没有学会观察并总结评价中小学真实的课堂，对于真实课堂中出现的种种问题有没有思考过解决的方法，这些问题才是见习生往后成长为合格教师所要思考的。目前来看，对见习生的评价内容没有具体到这种程度。从评价方法的角度看，除了最后给出见习分数，没有其他评价方法判断见习生在见习过程中的表现。笼统单一的评价方法除了造成见习效果不佳以外，有时还会造成见习生散漫的见习态度，对见习管理产生不良的影响。

（三）提升教育见习效果的措施

1. 细化见习评价内容

由于大多数学生对教育见习有较高热情，希望从见习中学到知识，丰富自己的实践能力，因此应细化见习评价指标，使学生的见习更有针对性。见习内容可以分成几个环节，如备课、教学实施、班级管理、批改作业、处理班级突发问题等，让学生根据对这些环节的要求完成见习任务。如果目的明确，就会让学生感觉见习有事可做，减少学生的散漫心理，还可以加强对见习学生的管理。同时，要求学生根据这些环节进行反思，让学生在见习过程中在职业道德素养、实践操作能力等方面都有提升。

2. 多种评价方式相结合

除了把学生上交的见习作业作为见习成绩的依据，还可以通过多种方式加强对学生见习反思的考察。例如，见习回校后，高校指导教师可以随机抽取中小学教学实践中常见的问题，让学生以口头或者书面的形式来回答解决方法，以此考核学生在见习时有没有认真观察、了解、体验、反思现今中小学教学现状。又如，先让学生以小组讨论的形式，分享自己在见习过程中遇到的困惑，再通过集体讨论、查阅资料等方法找到解决途径，最后以小组总结报告的方式上交作业。这些方式都可以加强学生对见习的反思，提高学生对教学实践方面的思考。

3. 加强见习与相关课程的融合

教育理论可以指导教育实践，师范院校大都会开设教育学、心理学等相关课程。但很多时候学生在经过专门的教育教学理论学习，把各种概念、方法倒背如流后却发现无法在实践中运用，导致理论与实践的割裂。因此需要加强见习与相关课程的融合。由于见习通常安排在课程学习的中途，因此可以利用见习增强学生对相关教育理论的理解，如提出几个关于当前教育现状的问题，让学生在实践中找答案，或者让学生在见习中感受理论原型。若能够结合见习结果给出理论课程成绩，则学生所学将发挥更大作用。如果等到实习再实施，那么之前学的很多知识或许已经遗忘，效果会不佳。

4. 利用多种方式加强与见习学校的交流

为了解决见习学校在见习结束之后只给分数没有建议的问题，也为了高校能及时调整并改进对学生教学实践能力的培养，必须加强与见习学校之间的交流。具体来说，见习学校指导教师面向两个对象。一是面向学生的指导。除了指导见习生批改作业、跟班、组织活动以外，还应增加给部分见习生上课的机会，让见习生能亲自走上讲台。上课之前学生以小组形式进行集体备课，指导教师可以对学生的教案进行修改，教案同时也作为见习成绩的一部分。二是面向见习带队教师，完善中小学与高校的信息互通。如高校可以编制学生备课能力、课堂掌控能力、作业布置与批改能力等方面的问卷，或在师范生见习成绩单后列出相应指标让中小学指导教师填写打分，及时得知学生发展动态，以此更好开展学生回校的教学改革。

5. 根据反馈信息有针对性地培养学生能力

通过见习学校对见习生的反馈可以了解高校在培养学生能力等方面的不足之处，因此可以利用反馈的信息进行完善。具体来说，可采取调整课程设置、改变评价机制、举办教学技能竞赛、增加校内外实践机会等方法提高学生的实践能力。例如，在课程设置方面，由于学生在经过短暂的见习后会对中小学的教学实际有更进一步的了解，也更明白自己成为一名合格的教师需要具备什么条件，因此可以再让学生学习与实践有关的课程，如班主任工作技能，更能结合实践理解和体会其中的知识点。

有关研究表明，教学评价能力、组织能力等需要在一线的实践中才能有更好的提升。改变评价机制包括改变以期末纸笔测试为主要参考，提高过程性考核成绩，增加课堂发言次数或利用小组合作完成作业所占比重等。增加教学方面的技能竞赛，如试讲、说课比赛，建立课堂之外的教学实践训练平台，增加学生校内外的实践机会，如增加见习次数、给学生提供更多的社会实践活动机会，这些都有助于开阔学生的眼界，提高学生的语言表达能力和交流能力，而这些也正是学生教学实践能力的重要组成部分。

三、师范类专业现行实习模式

师范类专业认证强调完善全方位协同培养机制。支持建设一批政府统筹，高等学校与中小学协同开展培养培训、职前与职后相互衔接的教师教育改革实验区，着力推进培养规模、培养目标、课程设置、资源建设、教学团队、实践基地、职后培训、质量评价、管理制度等全流程协同育人机制。鼓励支持高校之间交流合作，通过交换培养、教师互聘、课程互选、同步课堂、学分互认等方式，使师范生能够共享优质教育资源。大力支持高校开展教师教育管理体制改革，构建教师培养校内协同机制和协同文化，鼓励有条件的高校依托现有资源组建实体化的教师教育学院，加强办公空间与场所、设施与设备、人员与信息等资源的优化与整合，聚力教师教育资源，彰显教师教育文化，促进教师培养、培训、研究和服务一体化。

（一）教育实习的目的与任务

1. 教育实习的目的

首先，教育实习的目的在于帮助师范生将所学的教育理论和基础知识应用于教学实践，并形成初步的教育教学能力和组织管理能力。在师范院校中，师范生经过长期系统的培养与学习，掌握了比较丰富的专业知识，但这些专业知识主要来自教师的传授或书本知识，缺乏实践的检验和自我主动的内化建构。师范生教育实习，是在基础教育领域的一线场所进行实际的教育和教学工作。它有助于培养师范生形成良好的课堂掌控能力、班级管理能力和教学反思能力，并将其内化为自己的经验性知识，为将来从教奠定基本的实践基础。其次，通过教育实习增强师范生的从教信念，培养师范生的教育情怀，提高师范生的职业道德素质。身处在课堂与班级中，通过与中小学生的接触，实习生会感受到教师这一职业的社会价值，体会到为人师的责任感与成就感。通过与实习学校教师的交流指导，实习生也会在潜移默化中接受实习学校教师的职业熏陶与人格感染，增强对教师职业的认同感和自豪感。此外，通过教育实习引导师范生形成基本的教育教学研究能力。实习生进入实习学校后，会通过自己的观察发现基础教育领域中教育现状及存在的问题，并在专业理论知识的引导下，通过系统的分析和论证，开展具有一定水平的调查研究，并形成相关的科研论文，提高自己的教育科学研究能力。

2. 教育实习的任务

教育实习是一个比较系统、特殊的实习活动。根据实习目的，师范生现有的教育实习任务包括教学工作实习、班主任工作实习和教育调查研究等。

（1）教学工作实习

教学工作是学校的中心工作。对于教师来说，教学工作的好坏影响着教学质量的高低。在教学工作实习中，实习生在教师的指导下学会独立地开展教学工作，精心备课，认真上课，仔细批改课后作业，及时进行课后辅导，把握教学环节，遵循教学规律和原则，掌握教学方法，并初步形成自己的教学风格与特色。在教学工作实习中，实习生应认真完成听课记录，认真做好课堂笔记，并及时进行教学评价与反思。认真编写实习教案，认真设计好教学过程的每一个环节，并通过试讲来验证教案的合理性与可行性。上课结束后，及时做好课后反思，并根据指导教师的要求及时做好课后辅导和课后作业的批改。

（2）班主任工作实习

班主任工作是一项十分烦琐的工作，不仅需要有充足的耐心，还需要较强的组织管理能力。在班主任工作实习中，实习生要尽可能充分观察每个学生的特点，在班主任指导教师的帮助下开展班级活动，制订班级日常计划，领导班集体。在班主任工作实习的具体要求上，实习生应深入了解实习班级的基本情况，做好具体的班主任工作实习计划，并按照具体情况记录好班主任工作周志的内容（至少6次）。对班里的特殊学生做好重点了解，并召开主题班会（至少2次）对学生进行思想品德教育、心理健康教育和学习行为习惯的培养。

（3）教育调查研究

教育调查研究是实习生在实习期间，通过独立自主的观察和思考，选择研究对象和研究方法，设计研究方案，开展调查研究，并形成教育调查报告或撰写论文的过程，也是提高师范生的教育科学研究能力，使教育实践由感性到理性、由经验到智慧的生成过程。因此，实习生应在科学方法论的指导下，围绕教育活动中的某一现象或问题，有计划、有目的地搜集相关数据材料，并对其做出科学分析，提出具体改进建议。此外，还可以以教育调查报告为基础撰写毕业论文。

（二）教育实习的内容

1. 教学工作实习

教学工作实习是师范生教育实习的首要工作。实习第一周一般处于听课阶段，实习生在教师的指导下有目的地进行随堂听课，学习实习学校教师的先进教学理念和教学方法，了解学生的学习状况。此外，还应积极参加学校组织的教研活动，熟悉教育教学工作的基本环节，以尽快适应实习教师这一角色的转变。在实习期间，实习生可以在教师的许可下，根据课程进度和教学目标，有针对性地选取教学内容开展教学。为保证教学质量，实习生应认真做好课前备课、课前试讲、上课、作业批改和课外辅导等工作。

（1）课前备课阶段

备课时，实习生首先应该认真研读课程标准、教材和教学参考资料，理解课程理念，明确教学目标，把握教材的内容与知识结构，充实和丰富教学内容。在教学设计的过程中要充分考虑学生的实际水平，确定教学重难点，恰当地选择教学方法和手段，组织好教学语言，做好板书设计，适当选择设疑方式，并适量布置课后作业。在编写教案时，实习生应把教学过程的所有步骤详细考虑在内，并做好相应的预设。此外，教案的最后应留有空白，以做教学反思，在课堂结束后记录对本节课的收获和体会。

（2）课前试讲阶段

在充分熟悉教材和教案后，实习生应通过试讲发现教案中所存在的问题和不足，以及时采取有效的弥补措施。试讲可以是个人自由试讲，也可以是模拟课堂情境试讲。试讲可以缓解实习生正式上课时的紧张情绪，克服怯场心理，锻炼实习生的教学组织能力和临场应变能力。

（3）上课阶段

作为教学工作的中心环节，课堂教学是教师的教与学生的学双向互动的过程。对于实习生来说，要保证良好的教学效果，实现教学目标，就必须在熟悉教案的基础上做好充足的课前准备，调节情绪，整理仪表，检查教学设施的完整性。课堂上，实习生在施教的过程中应着重处理好教学目标的实现问题、知识结构的系统传授问题、重难点的点拨梳理问题、现代教学方法和手段的运用以及课堂气氛的营造等问题。

（4）作业批改

作业是对教师课堂教学效果的直接反馈途径之一，从作业批改中可以发现学生对所学知识的掌握程度及迁移能力，帮助教师发现教学中存在的不足，及时调整教学方法与手段。对于实习生来说，作业的批改一方面要认真细致，对学生的作业做出中肯评价，鼓励其改正错误；另一方面要善于从作业批改中总结经验，查漏补缺。

（5）课外辅导

课外辅导也是基本的教学工作环节之一，其目的是通过辅导课外作业或补课等途径，帮助缺课学生补课，提高学困生的学习成绩，促进学优生的成长进步，以弥补统一的课堂教学所带来的不足。通过课外辅导，实习生可以增加对学生个体的了解，灵活运用因材施教的基本原则与方式。因此，实习生要努力争取课外辅导的机会。但在辅导的过程中要有意识地培养学生独立解决问题的能力，而不能采用包办式的辅导方式。

2. 班主任工作实习

班主任是班级的直接管理者，担负着班集体建设发展和学生健康成长的重任。班主任工作实习就是实习生要在实习学校班主任老师的指导和帮助下，根据班级建设的需要，做好班级的日常管理工作，开展主题班会，增强班级凝聚力；组织课外活动，深入了解每一个学生，充分履行班主任的职责。这就要求实习生认真负责，充分关爱学生，树立良好的职业道德，并以身作则，帮助学生树立正确的人生观和价值观。

3. 教育调查研究

教育调查研究，是指在科学的教育理论和研究方法的指导下，研究者通过借助一定的研究工具，围绕具体的教育现象及问题，有计划、有目的地进行分析和研究，发现其内在的教育规律，以寻找解决教育问题的途径。教育调查是一种科学的社会实践活动，通过教育调查，实习生可以深入了解实习学校的现状和历史，探究不同学生的心理发展特征与学习水平，学习优秀教师的教学及管理经验，提高对基础教育的认识，增进对教育事业的热爱，培养教育研究能力。实习生在进行教育调查研究时首先确定好研究对象与研究内容，并制订出研究方案，选用恰当的研究方法，组织开展系统深入的研究。研究过程中要明确研究目的，并征得研究对象的同意和实习学校的许可，切实有效地执行研究计划，灵活处理研究过程中遇到的突发问题。最后，实习生应该对教育调查研究成果进行系统的总结和概括，形成一份完整的教育调查研究报告。

此外，卓越师范生专业技能的培养需要深化见习与实习基地建设，让卓越师范生能够对教育教学实践有更多深刻的认识与体验，保障其毕业后能更快地胜任教育教学工作。因此，在培养方案中要适当加大卓越师范生见习与实习课程比例，优化见习与实习课程。让卓越师范生不仅能够见习常态课，也能够见习非常态课；不仅能够见习优秀教师的课，也能够见习一般教师的课。此外，尽可能地让卓越师范生能够见习教学活动的整个过程，如备课、上课、作业布置与批改、课后辅导、组织班会、班级管理等。实习课程安排也要结构化，不仅让卓越师范生能够在优秀班级进行教学与班级管理实习，也能够在普通班级进行教学与班级管理实习。如此，卓越师范生毕业后才能逐步成长为优秀教师，才会在理想信念、道德情操、扎实学识、仁爱之心等方面拥有更高品质，为祖国培养更多的栋梁之材。

第三节 提升卓越师范生教学技能竞赛能力

一、卓越师范生教学技能竞赛能力提升的措施

(一) 重视示范引领性

示范引领性即教学名师、优秀教师和教学竞赛优胜者通过展示示范课、优质课、竞赛课等,对学习者做出示范,引导和带领其进行观摩学习、模仿借鉴,体会设计思路、教学创新点和亮点,从而提高师范生教学技能竞赛能力。优秀教师的示范引领作用有利于更新教育理念,改进教学方式,提升教学能力;有利于取长补短,创新教学设计,形成教学特色;有助于师生间相互学习,彼此分享,共同进步。

示范引领性主要包括三种形式。第一种是现场观摩名师的典型课、公开课。现场观摩的优点是能实现面对面的对话,亲身体验,互动交流,观摩名师真实的教学课堂,实现实时沟通,在对话交流过程中,帮助听课者答疑解惑。第二种是观看网络教学录像。网络课程的优点是不受时间和地域的限制,实现超时空的学习,同时也可获取更丰富、更优质的教学资源,全面提高学习者的教学能力。第三种是观看教学竞赛课。竞赛课具有很强的针对性、竞争性和创新性。观看其他教师的教学竞赛课,使学习者更有目的地针对竞赛课的特征和要求,学习教学者如何设置问题情境、如何设计教学亮点和创新点等,以便在教学技能竞赛过程中脱颖而出。

利用示范引领性,可以完善教学设计思路,创新教学亮点,使教学内容更加丰富有趣、教学呈现方式更加多样立体、教学效果更加高效突出。通过观摩优秀教师的示范课,利用名师的示范引领作用,改进后的教学设计思路主要有以下创新。其一,微视频导入。微视频导入比教师常用的图片导入和影片导入更新颖,利用短小精悍、表现力强、画面突出的微视频导入更能激发学生学习的兴趣。其二,增强动手绘制能力,重视体验式的教学方法。采用学生亲自动手绘制的形式,可以在学生观察图像、对比差异、追问问题和小组合作探究解决问题的基础上强化要点,巩固知识,增强体验。其三,增加案例分析,强化知识的迁移运用。理论联系生活实际,想象知识可能出现的应用路径,这种开放式的教学既可以活跃思维,又可以把所学的知识学以致用,解决实际生活中的问题。

(二) 倡导演练针对性

演练的针对性即针对某一具体活动而进行的有目的的训练。教学竞赛能力的训练主要是根据竞赛的要求和特征,以及针对学生较弱的技能,有计划、有侧重、

有目的地进行训练。针对性的训练有利于师范生强化教学能力，发挥优势潜能，展示个性亮点；同时扬长避短，改善自身弱势，全面提升教学竞赛能力。

倡导演练的针对性，可以从不同的角度进行针对性的训练。根据教学竞赛要求，可针对教案编写、课件制作、活动设计、问题回答、即兴演讲等能力进行训练。例如，教案编写要突出教案的简洁清晰；课件制作要凸显课件的表现力和图文整合效果；活动设计要以生为本，突出案例的生活化。按照教学实施的基本技能，可针对语言、板书、体态语、提问、导入技能、讲解、结束和反思等技能进行训练。针对演练的形式，又可以分学生自练、结对子练习、小组合作练习、教师一对一指导、多对多指导等形式进行练习。

倡导演练的针对性，可以集中训练学生某项教学能力，使教学技能竞赛能力的提升更加高效。教案的编写一般涉及课标分析、教材分析、学情分析、教法和学法、教学目标、教学重难点、教学过程（导入、教师活动、学生活动、设计意图）、板书设计等部分，主要有简案和详案两种形式，老教师编写的通常是提纲式的简略教案，而新教师和师范生则需要编写详细的教案，以便更顺利地实施课堂教学。但是教学技能竞赛的教案是针对某一教学内容进行设计的，上课的时间为十分钟，备课和教案的编写时间也只有一个小时，因此竞赛课的教案和常规教案会有很大的不同。竞赛的教案力求环节清晰、内容简明、重点突出、语言精练，表现高效，如果能在设计思路、方法选择和师生互动上有所创新，就可能更容易在教学竞赛中脱颖而出。

（三）强化学生主动性

强化学生主动性是激发学生主动参与教学过程的积极性，在学生切身参与、小组合作、教师启发引导的过程中提高教学竞赛能力。学生的主动性是提升师范生教学技能竞赛能力的重要保障。只有学生意识到教学技能竞赛能力的重要性，并积极主动地参加教学技能竞赛和技能训练，才能有效发挥学生的主体性。

强化学生主动性，可以从以下几方面入手。首先，强化竞赛目标。强化竞赛目标就是让学生明确竞赛的目的，端正训练态度，形成良好的学习习惯。其次，营造良好的训练氛围。营造和谐、融洽、互助、竞争的训练氛围，有利于激发学生训练的积极性。不论学生自练、结对子练习、小组互练还是教师指导训练等，都需要师生和谐、生生互助，形成良性竞争机制，在小组合作和竞争的氛围中激发学生学习的欲望，选择更多的学习和实践的机会。最后，采用多种激励措施。通常学生最初参加教学竞赛是为了获取荣誉证书和得到奖励等外部刺激，而缺乏内在的动机需求，要通过引发学生的兴趣、设定具有挑战性的目标等激励手段，激发学生的内在动机，促进他们积极主动地参与教学技能竞赛，引导学生形成正确的自我发展意识。

强化学生主动性，无疑能使训练更加高效，只有在学生主观能动性充分发挥下才能更有效训练其教学技能竞赛能力。

二、卓越师范生教学技能竞赛能力提升的途径

（一）充分利用网络资源

网络资源是指利用计算机网络可以搜索的各种信息资源。利用网络资源既包含在网络上查询资源，也包括利用网络辅助教学。随着计算机网络的普及和应用，利用网络平台搜索资料、制作课件、辅助教学成为现代教学的重要手段，也是提高教学技能竞赛能力的重要途径。一方面，利用网络手段辅助教学，查找教学资源，观摩优秀教学课例，可以充分提取丰富的教学素材，深入挖掘典型案例，优化教学内容；另一方面，通过观摩学习优秀教师的教学示范课，可以更新教育思想、创新教学设计、整合教学方法，提升教学能力。网络资源内容丰富、全面，呈现方式灵活多样，主要包括教学设计（教案）、课件、案例、教学视频、图片素材、文字说明等。既有全国性的网络平台，如国家中小学智慧教育平台、国家智慧教育公共服务平台、国家数字图书馆、爱课程、学堂在线、国图公开课、人民教育出版社、中国微课网等；也有地方性的网络资源，如教研网、精品网络课程、名师工作室等；还有学校的网络资源，如 QQ 群、校园论坛等。尽管网络资源分类不同、种类各异，但具有很好的参考性、互动性和共享性。各具特色的教学设计为师范生备课提供了参考，同时，时事新闻和社会热点可以辅助和充实教学内容，增强教学的时代性、丰富性和趣味性，为设计和完善教案、制作课件和搜集素材提供了便利。

（二）切实发挥团队力量

发挥团队力量即依靠由高校指导教师、中小学名师和参加教学技能竞赛的师范生等组成的团队，学生亲自参与、亲身体验，通过集体研讨、团队协作、精心打磨教学设计，完善教学实施，激发集体智慧，彼此分享、共同进步的过程。培养教师的集体协作意识，发挥团队合作的力量，是提高教学质量的有效途径。教师团队拥有新的教育理念、扎实的教学功底和丰富的教学经验，在指导学生训练的过程中，用精练的语言和独特的视角剖析、挖掘教学亮点，同时也能一针见血地指出存在的问题和不足，并提出改进意见和建议，不断完善教学设计，提高教学技能。

团队力量有多种形式，主要包括名师指导、集体研讨和同学讨论等。名师指导即邀请经验丰富的中小学名师进行一对一、一对多、多对一或多对多等多种形式的听课、评课。一线中小学名师在基层工作多年，教学经验丰富，并且有先进的教学理念，对新课程有较深的理解和研究，通过听课、评课，能从不同角度指出学生的优势和不足，并提出改进措施，帮助学生完善教学，提高教学设计能力

和实施教学的能力，这是目前比较高效的指导方式。集体研讨是教师和学生组成学习团队，师生亲自参与，在上课之前集体讨论教学设计，在听课后集体评课，不断完善教学设计和教学过程。同学讨论即在学生之间相互切磋、彼此学习，共同进步的过程。

切实发挥团队力量和集体智慧，全面提高师范生教学竞赛能力。通过实践训练、团队打磨，集思广益的竞赛课更加优质，更能提升师范生教学竞赛能力。切实发挥团队力量，要注意以下几点。一是肯定成绩，提出修改建议。在评课过程中要重视发掘师范生的优势和特色，肯定教学成绩，多用鼓励性的语言激励师范生进步，增强其自信心。同时，针对师范生教学过程中的不足之处，要及时指出问题，提出改进建议。二是发挥集体智慧，碰撞智慧的火花。在评教成员中，既有实战经验丰富的一线教师，也有理论知识扎实的高校教学法教师，还有拥有新思路、新方法的师范生，每个教师的教学思路和方法都各不相同。评课教师根据自己的认识和教学经验，畅所欲言，从教学设计、课堂实施、教学效果、教师、学生等不同角度提出不同的看法和改进建议，涉及的内容多、方面广，有助于全面提升师范生的教学能力。三是总结反思、反复练习。总结归纳存在的问题和改进建议，进行筛选和整合，反思教学过程，完善教学设计和教学效果。

（三）大力实施微格教学

微格教学是一种利用现代化教学技术手段来培训师范生教学技能的系统方法。微格教学在较短的时间（5～20 分钟）内，面对少数学生进行小课堂教学，并把教学过程摄制成录像，通过回放重播的形式评价教学行为，实现训练和提升教学技能的目的。微格教学最大的特点是利用现代教学手段把教学内容、教学环节、教学技能等方面细化、分解为一系列易于掌握的小技能，并进行有针对性的训练，使训练目的更加明确、重点更加突出、结果更加高效。

微格教学把教学能力分为宏观、中观、微观三个方面进行训练。宏观教学能力包括教学设计能力、课件制作能力、互动交流能力和课堂实施教学能力等。从中观教学能力来看，教学设计能力又可分为创新思维能力和设计亮点能力，课件制作能力又可分为内容整合能力和课件表现力，互动交流能力又可分为启发引导能力和对话交流能力。按课堂实施教学能力又可分为导入、提问、板书、教学语言讲解、结束、课堂组织等能力。从微观教学能力来看，语言能力又可细化为引导性语言能力、描述性语言能力、提问性语言能力、解释性语言能力和总结性语言能力，导入能力又可细化为直接导入能力、复习导入能力、问题导入能力、实验导入能力、经验导入能力、举例导入能力和故事导入能力等。

大力实施微格教学，有利于针对性地提升教学技能竞赛能力。利用微格教学训练学生的对话交流能力，实施微格教学应注意以下三点。第一，训练要有针对性。每个学生的学科素养和专业能力不一样，需要强化的教学能力也会有不同的侧重点，因此，在实行微格教学前，要充分了解学生的能力情况，针对学生的弱势能力，制定相应的训练策略。第二，注重总结反思。总结反思是微格教学中最关键、最重要的一部分。微格教学的培训模式与其他培训模式最大的不同是能够清晰全面地记录课堂教学过程，课后回放教学实录，让施教者可以从旁观者的角度体验自己的教学过程，促成受训者内部反馈更加全面和客观；同时，通过集体评议，集思广益，综合改进意见，完善教学设计和教学实施能力。第三，加强综合能力提升。虽然微格教学能把教学技能细化为能高效训练的单项技能，并对各项技能进行逐一训练，但教学技能竞赛能力的提升，并不是单项教学技能的简单叠加，而是综合能力的训练，各项技能相互影响、相互作用，共同提升受训者的综合素质。

第五章　教育数字化背景下卓越师范生数字素养的培养

随着云计算、大数据、元宇宙、人工智能等信息技术的加速发展，全球数字化趋势更加明显，新一代数字技术深刻影响着社会发展，教育领域也在不断深化数字化改革，数字技术越来越成为教育变革的重要驱动力量。

第一节　卓越师范生数字素养的内涵与重要性

教育数字化是利用数字化技术深化教育教学方法、育人模式、管理体制机制、教育资源、教育环境等方面的改革，推动教育文化重构、教育流程再造、教学范式改革，促进教育系统创新发展，为教育强国提供强大动力。

一、师范生数字素养提出的背景

数字经济成为各国创新发展的重要力量与新生动能，是重组全球要素资源、重塑全球经济结构、改变全球竞争格局的关键力量。世界各国都在积极推进数字经济发展，一方面推动传统产业数字化改造，另一方面推动数字产业化，实现真正意义上的纯数字化经济。同时，随着人工智能技术不断成熟，劳动力市场的变化越来越大，人机协同将成为新常态。在这种情况下，需要重新思考新时代的人才需要具备什么样的能力，才能在今后的时代中立于不败之地。在工业时代，教育与生产劳动紧密结合，强调规模化、标准化人才培养，重在培养服务工业化生产的基本知识和职业技能。在数字时代，更为强调个性化、创新型人才培养，创新思维、协作能力、数字素养等高阶能力培养变得更加重要，推进教育数字化转型成为必由之路。

我国非常重视教育数字化转型，2024 年 7 月 18 日中国共产党第二十届中央委员会第三次全体会议通过的《中共中央关于进一步全面深化改革　推进中国式现代化的决定》指出，教育、科技、人才是中国式现代化的基础性、战略性支撑，要加快建设高质量教育体系，统筹推进育人方式、办学模式、管理体制、保障机制改革，推进教育数字化，赋能学习型社会建设，加强终身教育保障。习近平总书记在中央政治局第五次集体学习时强调，教育数字化是我国开辟教育发展新赛道和塑造教育发展新优势的重要突破，要进一步推进数字教育，为个性化学习、终身学习、扩大优质教育资源覆盖面和教育现代化提供有效支撑。

党的二十大报告指出，"推进教育数字化，建设全民终身学习的学习型社会、学习型大国"。

高质量实现教育全面数字化转型的总体目标，需要以保障机制为支撑，从"物""人""数"三方面着手，瞄准"教学""管理"两大业务应用领域。其中"人"是教育数字化转型的关键要素。教师是教学活动的组织者、学习活动的引导者和参与者，数字化条件下的"教学"是信息技术与教学过程和教学内容的深度融合，教师是融合的关键。提升教师数字素养是加快教育数字化转型的内在要求。随着教育部《教师数字素养》（JY/T 0646—2022）的出台，教师素养结构的组成与内涵更加丰富。师范教育是人才培养的枢纽，建立健全师范生数字素养培养体系，树立教育数字化转型发展理念，提升数字化教育的意识、知识与能力，明确数字社会责任和专业发展成为师范教育的重要内容。

二、师范生数字素养的内涵

"数字素养"的概念来源于"信息素养"，二者具有传承关系，二者的内涵差异主要集中在时代侧重的能力。1974年，美国信息产业协会主席保罗·泽考斯基（Paul Zurkowski）首次提出"信息素养"这个概念。1989年，美国图书馆协会提出"信息素养"应包含文化素养、信息意识和信息技能三个层面。2003年联合国教科文组织以"信息素养"为主题召开世界性大会，会议提出"信息素养"是21世纪终身学习的核心。"数字素养"最初由以色列学者约拉姆·埃希特-阿尔卡莱（Yoram Eshet-Alkalai）提出。2012年，美国图书馆协会将数字素养定义为"使用信息和通信技术来发现、评估、创造和交流信息的能力"。2016年，美国新媒体联盟认为，数字素养是人们在访问或创建数字资源过程中应该具备的了解、理解、诠释和使用数字资源的能力。

2021年，中央网络安全和信息化委员会发布《提升全民数字素养与技能行动纲要》，将数字素养与技能界定为"数字社会公民学习工作生活应具备的数字获取、制作、使用、评价、交互、分享、创新、安全保障、伦理道德等一系列素质与能力的集合"。

2022年，教育部正式发布《教师数字素养》标准，明确教师数字素养是指"教师适当利用数字技术获取、加工、使用、管理和评价数字信息和资源，发现、分析和解决教育教学问题，优化、创新和变革教育教学活动而具有的意识、能力和责任"。该标准制定的教师数字素养框架包含：数字化意识、数字技术知识与技能、数字化应用、数字社会责任、专业发展等5个一级维度，数字化认识、数字技术知识、数字化教学设计等13个二级维度，以及理解数字技术在经济社会及教育发展中的价值等33个三级维度。

（一）教师数字素养的内涵解释

适当利用数字技术：在宏观上是指选择数字技术时，应理解数字技术对教育教学的价值及可能风险；在中观上是指选择数字技术时，应思考数字技术与教育教学目标的相关性；在微观上是指选择数字技术时，应考虑数字技术与自身知识能力的匹配度。

获取：使用针对性检索工具与途径，收集并存储所需数字信息和资源。

加工：基于需求，处理、制作并整合数字信息和资源。

使用：将数字信息和资源合理应用于教学、教研中。

管理：对碎片化数字信息与资源进行合理归类与有序组织。

评价：在应用数字信息和资源时，应进行分析判断、甄别与评价。

发现：通过多场域、多维度的教育教学数据采集、感知与计算，了解现状、发现不足。

分析：构建全要素、全视角的关联关系，找准当前教育教学发展的关键问题。

解决：利用数字技术创新教育教学教研模式，提质增效，解决重难点问题。

意识：认识数字化环境中的常见设备，有意愿使用数字化环境开展教学。

能力：熟练使用数字化环境中的设备，利用数字化环境上课，基于数字化环境开展研修，引导学生合理使用数字化资源、工具，基于数字化环境促进学生自主、合作、探究学习。

责任：承担促进学生数字素养提升和全面发展的责任。

（二）教师数字素养的一级维度

1. 数字化意识

数字化意识是指客观存在的数字化相关活动在教师头脑中的能动反映，包括数字化认识、数字化意愿以及数字化意志。

数字化认识：教师对数字技术在经济社会及教育发展中价值的理解，以及在教育教学中可能产生新问题的认识，包括理解数字技术在经济社会及教育发展中的价值，以及认识数字技术发展对教育教学带来的机遇与挑战。

数字化意愿：教师对数字技术资源及其应用于教育教学的态度，包括主动学习和使用数字技术资源的意愿，以及开展教育数字化实践、探索、创新的能动性。

数字化意志：教师在面对教育数字化问题时，具有积极克服困难和解决问题的信念，包括战胜教育数字化实践中遇到的困难和挑战的信心与决心。

2. 数字技术知识与技能

数字技术知识与技能是指教师在日常教育教学活动中应了解的数字技术知识

与需要掌握的数字技术技能。

数字技术知识：教师应了解的常见数字技术知识，包括常见数字技术的概念、基本原理。

数字技术技能：教师应掌握的数字技术资源应用技能，包括数字技术资源的选择策略及使用方法。

3. 数字化应用

数字化应用是指教师应用数字技术资源开展教育教学活动的能力，包括数字化教学设计、数字化教学实施、数字化学业评价以及数字化协同育人。

数字化教学设计：教师选用数字技术资源开展学习情况分析、设计教学活动和创设学习环境的能力，包括开展学习情况分析，获取、管理与制作数字教育资源，设计数字化教学活动，以及创设混合学习环境。

数字化教学实施：教师应用数字技术资源实施教学的能力，包括利用数字技术资源支持教学活动组织与管理，优化教学流程，以及开展个别化指导。

数字化学业评价：教师应用数字技术资源开展学生学业评价的能力，包括选择和运用评价数据采集工具，应用数据分析模型进行学业数据分析，以及实现学业数据可视化与解释。

数字化协同育人：教师应用数字技术资源促进学校家庭社会协同育人的能力，包括学生数字素养培养，利用数字技术资源开展德育、心理健康教育，以及家校协同共育。

4. 数字社会责任

数字社会责任是指教师在数字化活动中的道德修养和行为规范方面的责任，包括法治道德规范，以及数字安全保护。

法治道德规范：教师应遵守的与数字化活动相关的法律法规和道德伦理规范，包括依法规范上网，合理使用数字产品和服务，以及维护积极健康的网络环境。

数字安全保护：教师在数字化活动中应具备的数据安全保护和网络安全防护的能力，包括保护个人信息和隐私，维护工作数据安全，以及注重网络安全防护。

5. 专业发展

专业发展是指教师利用数字技术资源促进自身及共同体专业发展的能力，包括数字化学习与研修，以及数字化教学研究与创新。

数字化学习与研修：教师利用数字技术资源进行教育教学知识技能学习与分享，教学实践反思与改进的能力，包括利用数字技术资源持续学习，利用数字技术资源支持反思与改进，以及参与或主持网络研修。

数字化教学研究与创新：教师围绕数字化教学相关问题开展教学研究，以及利用数字技术资源实现教学创新的能力，包括开展数字化教学研究，以及创新教学模式与学习方式。

（三）师范生数字素养的内涵

《教师数字素养》是我国第一个权威的教师数字素养框架，对于师范生数字素养的培养具有重要指导作用。师范生既是现阶段的在校大学生，也是未来的教师，直接使用《教师数字素养》标准并不合适。《教师数字素养》标准强调的是对在职教师的数字素养的要求，而对师范生的数字素养要求需要兼顾"在校大学生"和"未来教师"双重性。从在校大学生的角度来讲，师范生要能够利用数字技术为在校学习服务，提升学习的效果。从未来教师的角度来讲，师范生要能够将数字技术迁移到未来的教育教学中去，具备信息化教学的能力。

借鉴"教师数字素养"的概念，可以将"师范生数字素养"描述为：师范生适当利用数字技术获取数字信息和资源，解决学习过程、教学实践过程中的问题，优化、创新和变革教育教学活动而具有的意识、能力和责任。

三、数字素养的教育意义与现实价值

（一）培养未来教育工作者的专业素养

师范生作为未来的教育者，不仅需要掌握学科知识和教学技能，还需要具备良好的数字素养，以适应未来教育领域中信息技术的广泛应用。在信息化教育环境中，教师不仅要能够利用现代教育技术提高课堂教学效率，还应当引导学生正确使用信息技术，培养学生的数字素养。数字素养已经成为教师的基本职业素养之一，它直接关系到教师的教学能力和教学效果。

（二）促进学生创新能力的提升

数字素养不仅是为了适应现代教育技术，更重要的是通过对数字技术的掌握，促进学生创造性思维的培养。在信息化社会中，创新能力成为社会竞争的重要元素，而数字技术提供了创新的工具和平台。具备高水平数字素养的学生，能够利用网络和数字工具进行跨学科的学习、合作与创新，这对提升学生的综合素质和未来竞争力具有重要意义。

（三）推动教育公平与教育质量提升

数字素养的普及有助于教育公平的实现。通过数字教育平台，学生可以享受到更多优质的教育资源，打破了传统教育中因地域、经济差异而带来的教育鸿沟。同时，教师通过提升数字素养，能够更好地运用信息技术改进教学方法，提高教育质量。数字技术为教育带来了更多灵活性与互动性，有助于实现个性化学习和教学，提升教育整体质量。

（四）增强个体信息应对能力与社会适应性

在信息化时代，个体的社会适应能力在很大程度上依赖于其数字素养。数字素养不仅能够帮助个体适应日常生活中的信息处理需求，如在线购物、银行业务、社交媒体等，还能够提高个体在职业生涯中对新兴技术的适应能力。在面对数字化工作环境和信息爆炸的挑战时，具备良好数字素养的个体能够高效、理性地应对复杂的工作和生活问题。

四、数字素养在师范生教育中的独特重要性

（一）适应教育数字化转型需求

随着互联网+教育的深入发展，教育模式正发生深刻变革。智慧课堂、在线学习、教育大数据等数字化工具和平台正在改变传统的教育模式。作为未来的教育者，师范生必须具备较高的数字素养，才能适应这一转型，提升教育教学的适应性和灵活性。例如，能够利用教育平台进行在线教学，分析学生学习数据，开发数字化教学资源，甚至进行个性化教学等。

（二）提升教师的终身学习能力

数字素养的培养不仅是为了应对当前的教育需求，更重要的是帮助教师具备终身学习的能力。在信息化、数字化不断发展的社会中，教师需要不断更新知识和技能，掌握新技术、新工具，跟上教育技术的步伐。通过提高数字素养，教师能够灵活应对不断变化的教育环境，保持持续的专业发展。

（三）推动教育公平与学生全面发展

通过数字技术，师范生可以拓宽视野、共享资源、优化教学设计，实现更高质量的教育服务。尤其是在边远地区或经济较为落后的地区，数字素养的培养有助于推动教育资源的均衡分配，提升教育公平性。教师通过数字素养的培养，不仅能提高自己的教学水平，也能更好地为学生提供个性化的学习指导，促进学生全面发展。

数字素养的内涵不仅仅局限于技术操作能力，它是多维度的综合素质，涉及技术能力、信息管理能力、批判性思维能力以及伦理与安全素养。数字素养在师范生教育中的重要性，体现在促进教师适应教育数字化转型、提升教育质量、推动教育公平等方面，对提升未来教育工作者的专业素养、创新能力以及社会适应性具有深远的影响。因此，数字素养的培养是当今师范生教育不可或缺的核心内容。

第二节　卓越师范生数字素养的培养目标、核心内容及前沿趋势与案例分析

一、卓越师范生数字素养的培养目标

数字素养是指个体在信息化社会中，利用数字工具进行学习、工作、沟通、创新和社会参与的能力。对于师范生而言，数字素养的培养不仅是对其个人技能的提升，也是对其未来教育教学活动的适应与创新能力的培育。因此，明确数字素养的培养目标是确保师范生能够在信息化教育环境中更好履行教师职责的方向保障。

（一）培养信息获取与处理能力

数字素养的一个重要目标是提升师范生在多元信息环境下获取、分析、处理并利用信息的能力。随着互联网和各类数字平台的发展，信息获取的途径日益增多，这要求师范生能够灵活运用各类工具（如搜索引擎、数据库等）进行信息的筛选、评估和整合。同时，还要求他们具备批判性思维，能够判断信息的可信度和有效性，从而避免信息过载或误导性信息的影响。

（二）增强数字工具应用能力

现代教育教学越来越依赖数字化工具，如电子教材、教学软件、在线课程平台等。师范生需要熟练掌握常见的数字工具和资源，能够在教学过程中有效应用这些工具，提升教学效果和互动性。除此之外，师范生还需要培养一定的编程能力，能够开发或定制适合教学需要的数字资源，以适应教育科技快速发展的需求。

（三）提升信息沟通与协作能力

数字素养的另一目标是提升师范生在信息化环境中的沟通与协作能力。通过掌握数字化交流工具（如电子邮件、即时通信软件、视频会议平台等），师范生能够与学生、同事、家长以及教育管理者进行高效的沟通与协作。这不仅能帮助师范生与他人共享教育资源，还能促进团队合作和教学创新，推动学校教育的现代化进程。

（四）培养创新与批判性思维

数字素养不仅是操作技能的培养，更重要的是通过数字工具激发师范生的创新思维和批判性思维。通过对数字技术的深入理解，师范生可以更加灵活地设计

和实施教学方案，在教学内容、方式、评估等方面进行创新，突破传统教育模式的局限。此外，批判性思维能够帮助师范生在面对信息化社会中的各种新现象、新问题时，做出理性分析和决策。

二、卓越师范生数字素养培养的核心内容

（一）数字技术基础

数字技术基础是数字素养的核心内容之一。师范生必须具备一定的计算机基础知识和技能，如常用办公软件的使用、数字资源的获取和管理等。这些基本技能为师范生后续的教学和科研活动提供了技术支持，是进行更深层次数字素养培养的前提。

（二）信息搜索与处理

信息搜索与处理能力是数字素养的关键组成部分。随着网络信息量的激增，能够高效地找到所需信息并加以有效利用，成为当代教育者的必备技能。师范生需要掌握多种信息检索技巧，能够在海量信息中迅速筛选出相关且可信的资料，并进行必要的分析、整理、归纳与加工，最终形成能够支撑教学和研究的有效信息。

（三）数字工具与平台的应用

当前教育已经进入数字化时代，师范生需要掌握各类教育信息化工具和平台的使用，包括常见的电子白板、学习管理系统、在线课堂软件、电子教材等应用工具。师范生要学会如何在课堂中利用这些工具进行教学设计、知识传递、学生互动及学习评估。此外，还需要了解如何选择和利用适合自己教学风格的工具和平台，以提高教育效果。

（四）网络安全与伦理

随着数字技术的普及，网络安全问题日益突出。师范生应培养网络安全意识，掌握基本的网络安全防护知识，如密码保护、信息加密、防范网络攻击等。同时，网络伦理也是数字素养中不可忽视的部分，师范生应了解并遵循网络道德规范，避免网络暴力、侵犯他人隐私和抄袭等不良行为，做网络环境中的良好公民。

（五）数据分析与应用

在数字化教学环境中，数据已经成为教育决策的重要依据。师范生需要具备基本的数据分析能力，能够通过数字工具分析学生的学习数据、课堂反馈等信息，及时调整教学策略。数据分析不仅有助于个性化教学的实施，还能为教育管理者

提供科学的教学评估依据，促进教育质量的提升。

（六）数字沟通与协作

在信息化时代，数字沟通与协作已成为教师日常工作的重要组成部分。师范生需要学会使用电子邮件、即时通信、社交媒体等工具进行学术交流和教学管理。同时，如何利用网络平台与其他教师或教育工作者共同协作，进行项目研究、课程开发等，也是数字素养中不可或缺的部分。

（七）批判性思维与创新能力

批判性思维是师范生数字素养的高层次内容，它要求学生不仅能运用数字工具获取信息、完成任务，还能对信息来源、内容、方法进行独立的评估与反思。通过数字工具，师范生能够更自由地展示自己的创新思维，并在实际教学中进行灵活应用。培养师范生的批判性思维和创新能力，是帮助他们适应未来教育变革、推动教育创新的关键。

数字素养不应仅局限于知识的传授，更应通过实践活动来体现。对于师范生而言，数字素养的培养应该是一个综合的、实践导向的过程。师范生应通过实际的教学实践、参与课程开发和数字教育平台的运作等，来提升自身的数字能力。此外，学校应通过开设数字素养相关的课程、组织数字素养相关的培训和讲座、提供网络环境支持等，构建系统化的数字素养培养体系，帮助师范生在多元化的学习和教学实践中，真正掌握并运用数字素养的核心技能。

三、卓越师范生数字素养培养的前沿趋势与案例分析

（一）人工智能辅助教学

案例：智能批改系统助力作文教学。某中学引入了一款智能批改系统，该系统能够自动分析学生的作文内容、结构、语言等方面的问题，并给出有针对性的改进建议。教师只需将学生的作文上传至系统，即可快速获得批改结果和反馈报告。这不仅大大减轻了教师的批改负担，还使得作文评价更加客观、全面。同时，系统还能根据学生的写作特点推荐相应的范文和练习题目，帮助学生实现个性化学习。

（二）虚拟现实与增强现实技术

案例：虚拟现实实验室让科学实验触手可及。某小学科学课程利用虚拟现实技术创建了一个虚拟实验室环境，学生只需佩戴虚拟现实头盔即可身临其境地进行各种科学实验。例如，在"观察细胞结构"的实验中，学生可以通过虚拟现实眼镜清晰地看到细胞的内部结构；在"火山爆发模拟"实验中，学生则能近距离感受火山爆发的震撼场景。这种沉浸式的学习方式极大地激发了学生的好奇心和探索欲，提高了实验教学的效果。

（三）大数据驱动的精准教学

案例：个性化学习平台助力高效备考。某学校引入了一款个性化学习平台，该平台通过收集学生的学习数据（如作业完成情况、考试成绩、在线学习行为等），运用大数据分析技术，为每个学生量身定制学习计划和推荐学习资源。例如，在备考阶段，平台会根据学生的知识掌握情况和考试目标，智能推荐复习资料和模拟试题；同时，还会根据学生的答题情况及时给予反馈和建议，帮助学生查漏补缺、巩固提高。这种精准化的教学方式有效提升了学生的学习效率和成绩。

教师掌握数字技术知识与技能是时代赋予的使命和责任。面对数字技术的快速发展和教育改革的深入推进，必须充分认识到提升教师数字技术能力的重要性和紧迫性。通过持续学习与专业发展、实践应用与反思、技术整合与创新、关注教育政策与趋势等措施的实施，有效促进教师数字素养的提升和推动教育现代化的进程。同时，也应密切关注数字技术的前沿趋势和发展动态，不断探索和实践新的教学模式和方法，为培养更多具有创新精神和实践能力的人才贡献智慧和力量。

第三节　卓越师范生数字素养培养过程中存在的问题与提升策略

当前，数字技术与教育行业深入融合发展，教育要素不断发生变革，新技术不断涌现，数字化教育方式方法不断创新，师范生数字素养培养面临诸多挑战。

一、卓越师范生数字素养培养过程中存在的问题

（一）对师范生数字素养认识不够全面

近年来，数字技术在教育行业中广泛应用，不断推进教育行业创新发展，高校的管理者、教师和师范生对数字技术的关注度不断提升，但是对师范生数字素养的认识不够全面，仅仅将数字素养等同为了解数字技术发展、会做 PPT、会用一些教学 APP，对数字技术发展给教育教学带来的机遇与挑战认识不足，忽略了数字安全保护、社会道德规范等方面的要求。

（二）师范生数字素养培养课程体系不够科学

数字技术发展迅猛，更新迭代很快，与教育行业结合后不断创造新的业态。

当前师范生数字素养培养课程内容滞后于数字技术的更新。例如，课程主要以现代教育技术和大学生信息技术基础等传统课程为主，且这些课程的教学内容仍然聚焦基础的信息技术及其应用，对人工智能等新兴技术在教育领域的应用涉及甚少。课程形式也比较单一，以线下必修课为主，强调知识的传授，忽略了师范生的主体性，缺乏体验类、实践类课程，这种方式显然无法适应数字技术在教育教学中日益广泛的应用和实践趋势，因此难以有效支撑师范生数字素养的培养。

有些师范院系只重视学科专业教学，而对信息化教育理论和信息化教育教学技能培养重视不够。有些学校为师范生开设的提升数字素养的课程主要集中为信息技术素养、现代教育技术等课程和实习实践课，但这些课程的开设时间、前后承接性和延伸度有所欠缺，课程之间的逻辑体系也不够合理，使得师范生数字素养的培养难度加大。

（三）师范生数字素养培养课程内容问题

第一，传统信息化课程内容理论化取向。师范生对信息化课程的必要性持肯定态度，但不少师范生对传统的信息化教学课程内容与形式持消极态度，认为其过于偏理论、效率低下。传统信息化教学课程教师不应仅教授工具的使用，而应在教学中具体示范如何运用这些工具，能够让师范生在实践教学中熟练运用这些工具。

第二，传统信息化课程内容重技术取向。单纯注重技术取向的传统课程内容同样是不合适的，会极大地限制师范生对信息化教学的理解，会让他们认为信息化教学就是单纯的技术操作，这不利于师范生发展主动探索信息化教学的意识，不利于他们自己利用信息技术实现教学变革与创新，思考自己日常使用的信息技术能否促进教学。这种偏重技能的教学模式会对师范生主动探索信息化教学产生不良影响。

第三，传统信息化教学课程缺乏与学科教学的深度结合。不少师范院校信息化教学课程团队师资力量薄弱，一名教师要为多个专业开设信息化教学课程，在讲授的过程中存在信息技术与学科教学融合深度不够的情况。这种情况会对师范生的融合意识产生极大影响，当其体验到信息化教学模式及策略与自己的学科教学关系不大时，就会认为这些信息技术与自己很遥远，对教学的促进性比较低，从而会降低对信息化教学的感知有用性与探索的意愿。

（四）缺乏优质信息化教学的示范

信息化教学课程的初衷是为了提升师范生指向基础教育需求的数字素养，期待他们能够通过信息技术促进教学变革，引领推动基础教育的发展，但是如果教师本身并没有作为榜样以身示范让师范生意识到信息化教学的作用与优势，就会让师范生认为新兴的信息技术是华而不实的东西或者过于抽象的理论，且对自己的专业课教学毫无裨益，与自己的教学相关性很低。这样反而会降低师范生对信息化教学的兴趣，降低他们在课程结束之后以及实习阶段进一步主动探索信息化教学的动机。

（五）数字化环境需要加强建设

数字化环境是培养师范生数字素养的重要保障，一般包括硬件环境和软件环境。目前师范院校基本都能保障网络全覆盖、多媒体教学设施齐备等硬件环境，但是，智慧教室、智慧实训室、虚实融合的沉浸式教学空间建设不足，智慧学习工具、教学数据分析、数字资环等平台缺乏。智慧校园的普及使得校园硬件技术设备越来越好，但是在缺乏专业技术人员支持的情况下，技术的快速更新发展使得师范生可能在碰到信息化教学的问题时不知从何入手，进而降低进一步探索寻找解决方案的意愿，错失在问题中发展数字素养的良机，降低师范生信息化教学的外部条件感知，降低其探索信息化教学的意愿，不利于其数字素养的发展。数字素养教育的宣传、专项培训、实践活动和应用体验活动相对较少，师范生难以获得与数字素养教育相关的亲身体验，影响了他们对数字素养教育理论知识的理解和实践应用，不利于其数字素养的培养。

二、卓越师范生数字素养培养的保障机制

在当前信息化快速发展的背景下，数字素养已经成为师范生培养的核心内容之一。数字素养不仅是教师的基本素质要求，也是促进教育教学改革、提升教育质量的重要保障。因此，构建健全的数字素养培养保障机制，对师范生的培养至关重要。保障机制包括制度保障、资源保障、教师队伍保障、技术支持保障等方面，确保师范生能够系统地提升数字素养，满足现代教育对教师的多维度要求。

（一）制度保障

1. 完善数字素养培养政策

师范院校应根据教育部及地方教育主管部门的相关政策，结合学校的实际情况，制定符合师范生培养要求的数字素养发展规划与实施方案。具体来说，应通过政策引导明确数字素养在课程体系中的重要地位，制定切实可行的培养目标、课程设置和评价标准，确保数字素养的培养贯穿整个师范教育过程。此外，应通过校内外政策协调，推动数字素养的普及与深化，促进政策的连贯性与有效性。

2. 数字素养培养的评价机制

建立完善的数字素养评价机制，结合师范生的专业特点，设立相应的能力标准与评估工具。这一机制应当具有综合性、层次性和灵活性，既能评估师范生的

数字技能，也能考察其在教学过程中的实际运用能力。评价体系应包括定期的考核与学期末的综合测评，且注重对师范生数字思维、创新能力和批判性思维的评估，以实现对师范生数字素养全面且客观的考察。

依据《教师数字素养》（JY/T 0646—2022）标准，学校应建立多元化的教师数字素养评价体系，并针对每位教师建立发展档案，以指导其个人成长和提升学校整体数字素养。同时，推进数据驱动的教师数字素养提升培训与评价工作至关重要。这包括大力开展校本培训，实施常态化、规模化的数字素养测评，以及建立精准、动态、持续的评价体系。

3. 数字素养融入课程体系

在制度保障层面，师范院校应将数字素养培养纳入人才培养方案和学科专业课程体系之中。这不应仅是一个独立的教学环节，而应贯穿各个学科和课程当中。例如，在教育学、心理学、教学设计等传统课程中，适当加入数字素养相关内容，通过实际案例、数字工具的应用以及课堂演示等方式，让师范生在专业课程中自然地获得数字素养。

课程融合，组建数字素养培养课程模块。高校应以"新师范"的建设与发展为契机，深化数字素养课程改革，立体化建构立足于适应数字时代学习、工作和生活的实际需要和普遍应用，面向全体师范生的数字素养通识类课程模块。同时，将《教师数字素养》（JY/T 0646—2022）标准与培养目标进行对应分解，将有关数字知识、数字技术和数字能力等元素融入具体的专业课程、思政课程、实践活动和职业发展，组建"数字思政""数字实践""数字社区""数字伦理"等情境式、互动式和主题式数字素养课程模块，探索多学科课程融合提升师范生数字素养的有效路径。

（二）资源保障

1. 基础设施建设

数字素养的培养离不开现代化的信息技术支持，师范院校需要投入资金和资源，建设完备的数字基础设施，包括高效的校园网络、多媒体教室、互动平台、实验室等。这些基础设施为师范生提供数字学习和实践的平台，有助于其掌握信息化技术，并通过实际操作提升数字素养。

2. 数字学习资源的丰富性

除了基础设施外，丰富的数字学习资源是保障师范生数字素养培养的重要条件。师范院校应与教育技术公司、出版机构等合作，积极引进数字化教材、在线课程、教育 APP 和数字化教学资源库，为师范生提供多样化的学习资源。这些资源应涵盖教育技术、教学设计、数字平台使用等方面，帮助师范生在不同领域提升数字素养。

3. 网络平台和信息服务支持

随着互联网技术的迅猛发展，网络平台成为信息获取与交流的主要渠道。师范院校应当搭建专业的数字学习平台，支持师范生进行自主学习和在线互动。通过这些平台，师范生可以进行课程学习、实践操作、虚拟教学体验等活动，同时还可以通过论坛、讨论区等形式进行互动，提升信息获取、共享和应用能力。

（三）教师队伍保障

1. 数字素养教师的专业化培养

师范院校在实施数字素养教育过程中，应特别注重教师队伍的建设。教师不仅是学生学习的引导者，也是数字素养培养的实施者。师范院校应为教师提供相关的数字素养培训，提升其信息技术应用能力和数字教育创新能力。通过组织专题培训、外部学习交流等方式，使教师能够不断更新技术知识，并掌握最新的教育技术应用方法。

2. 跨学科教师协作

数字素养的培养涉及多个学科领域，师范院校应鼓励不同学科的教师开展跨学科协作，共同推动数字素养教育的实施。通过学科间的知识共享与融合，教师能够更好地将数字素养融入各自的专业教学中，发挥多学科的协同效应。例如，教育技术学科的教师与学科专业课程的教师可以共同开发集成化的课程内容，帮助师范生在实践中理解和掌握数字素养。

3. 数字化教学方法与理念的推广

为了有效提升师范生的数字素养，教师应当灵活运用多种教学手段，采用翻转课堂、微课程、在线学习等数字化教学方式。在教学理念上，教师应倡导以学生为中心的教育理念，鼓励师范生通过自主学习、合作学习等方式，培养其解决实际问题的能力和创新精神。教师还应培养师范生对数字技术的批判性思维，使其能够理性看待技术对教育教学的影响，提升数字素养的综合能力。

（四）技术支持保障

1. 技术平台的更新与维护

随着技术的发展，新的教育技术平台不断涌现，师范院校应加强对现有技术平台的更新与维护，确保其能够满足数字素养教育的需要。技术平台的维护不仅包括硬件设备的更新，也应包括软件工具和应用的优化，使平台始终保持高效、便捷、易用的特点。师范院校还可以与技术服务公司合作，及时修复技术问题，保障教学过程的稳定运行。

2. 技术支持团队的建设

除了技术平台的建设，师范院校还应建立专业的技术支持团队，负责教师和师范生在使用数字化教学工具过程中的技术咨询和故障排除。技术支持团队不仅要提供基础的技术保障，还要参与到教学内容和方法的设计中，为教师提供数字技术使用的培训和技术方案，确保数字素养教育的顺利实施。

3. 数字技术的研发与创新

为了不断提高数字素养培养的质量，师范院校应鼓励自主研发和创新，开发适合教育教学需求的数字化工具和平台。例如，可以开发具有互动功能的教学软件，或根据课程内容设计专门的教育应用程序，为师范生提供个性化的学习支持。同时，通过学术合作与产学研结合，推动数字技术在教育中的深度应用与创新。

师范院校数字素养培养的保障机制是一个多方面、多层次的系统工程。只有在制度、资源、教师队伍和技术支持等方面形成有效的协同作用，才能为师范生提供全面的数字素养教育，培养适应未来教育需求的高素质教师。

三、卓越师范生数字素养培养的提升策略

随着信息技术的快速发展，数字化教育逐渐成为现代教育的重要组成部分。对于作为未来教育工作者的师范生来说，具备良好的数字素养不仅是适应教育改革和提升教学质量的需要，也是培养学生创新能力和信息化思维的基础。因此，制定切实可行的数字素养培养策略，成为师范教育发展的迫切任务。

（一）强化数字素养的理论教育

1. 提升数字化融合创新应用意识

数字化意识是数字化相关活动在师范生大脑中的能动反映，涉及师范生对数字化技术的认知、态度和应用意愿等方面，是提升师范生数字素养的关键环节。《教师数字素养》（JY/T 0646—2022）中"教师数字素养框架"的第一部分内容就是"数字化意识"，充分说明数字化意识对于数字素养培养的重要作用。师范院校需要通过宣传、交流讲座、体验实践等多种方式让师范生打破传统教育惯性，树立数字化意识，充分认识到数字化对教育教学的促进作用，明确未来教师岗位对数字素养的迫切需求。

高校应以《教师数字素养》（JY/T 0646—2022）为指导，以提升师范生数字化生存与发展能力、学习与创新能力和教学与实践能力为目标统领，分阶段、分层次、一体化、贯通式设计数字素养培养目标体系。将教师数字素养内涵与要求、标准与内容有机融入教师专业标准和《教师教育课程标准（试行）》，并层层分解至具体教学实践过程，促进师范生数字素养的螺旋式上升发展。

师范生数字素养的培养应从理论层面入手，首先帮助师范生理解数字素养的基本概念及其内涵。数字素养不仅是操作计算机或软件的能力，更包括信息获取、处理、评估和表达的综合能力。因此，在师范院校的课程设置中，应当引入关于数字素养的基础课程，如数字技术基础、信息化教学设计等，通过案例分析、课堂讨论等形式，帮助师范生明确数字素养的广泛定义及其在教育中的重要性。

2. 加强数字伦理和网络安全教育

在信息化时代，网络安全和数字伦理问题尤为重要。师范生不仅需要具备技术操作能力，还要理解如何在互联网环境下进行安全、负责任的操作。因此，师范院校应将数字伦理、网络安全等内容纳入课程，培养师范生正确的数字道德观和信息安全意识，增强其在教学与日常生活中保护隐私和维护网络安全的能力。

3. 系统化的数字素养理论培训

系统化的理论培训能够帮助师范生全面理解数字素养在现代教育中的重要性。可以通过集中开展专题讲座、学术研讨会、师资培训等形式，为师范生提供最新的数字教育研究成果和案例，促使他们形成对数字素养的全面认识，从而更好地把握其在教育中的应用。

（二）提升数字技能的实践能力

1. 整合数字技术与学科教学

要提升师范生的数字素养，必须注重数字技术在各学科教学中的实践应用。例如，可以通过开设学科信息化教学课程，培训师范生如何利用多媒体、互动白板、教育软件等工具辅助教学，帮助他们在课堂教学中灵活运用数字技术。此外，还应通过实习和教学模拟等实践活动，让师范生在实际教学中积累经验，提升其数字工具的操作能力与教学设计水平。

2. 搭建校内外实践平台

通过校内外的实践平台，让师范生能够在实际的教育环境中应用所学的数字技术。师范院校可以通过与中小学、教育机构合作，建立数字教学资源共享平台，组织师范生参与实际的数字化教学设计和教学实施。这不仅有助于培养师范生的数字化教学能力，还能够提高其对教育信息化趋势的适应能力。

3. 提供丰富的数字化学习资源

为了增强师范生的数字技能，应为其提供丰富的数字化学习资源。例如，设立数字化资源库，提供教材、教学视频、课件设计模板等，以便师范生自主学习并将其应用于实践。师范院校还可以与在线教育平台合作，为师范生提供开放的网络课程，让他们在多样的学习环境中提升自己的技术能力。

（三）培养创新思维与信息化教学设计能力

1. 注重跨学科、跨领域的数字素养培养

师范生的数字素养培养除了技术层面的训练，还应关注其创新思维的培养。可以通过跨学科、跨领域的项目式学习，激发师范生的创造性思维。例如，组织师范生参与教育创新项目，利用数字技术设计创新的教学方案或教育应用，推动师范生在实践中培养问题解决能力和创新意识。这种方式能够让师范生深入理解数字工具在教学创新中的重要作用，并培养其数字化解决问题的能力。

2. 强化教学设计与评估的数字化能力

随着教育信息化的不断发展，传统的教学设计与评估方法逐渐向数字化转型。师范生应掌握如何利用数字技术进行教学设计、学习活动设计以及学习评估。师范院校可通过开设教育技术、数字化课程设计等课程，教授学生如何利用学习管理系统、在线评估工具等进行教学设计与反馈。通过这种方式，师范生可以掌握数字化教学设计的全流程，提升其在信息化教育环境中的适应能力。

3. 鼓励实践中的自我创新与反思

数字素养不仅是技术的熟练掌握，更包括对教学过程的反思与创新。在师范生的培养过程中，应鼓励他们在教学实践中进行自我反思，思考如何利用数字技术创新教学方法、改进教学效果。例如，可以通过教学日志、反思报告等形式，帮助学生总结自己的数字化教学实践，识别改进点，并进行自主创新。

（四）构建数字素养发展的长效机制

1. 建立数字素养课程体系与评估机制

师范生数字素养的培养不是某一门课程能够解决的，需要师范院校设置系列课程才能有效地提升师范生的数字素养。必须深刻领会师范生的数字素养内涵，从"在校大学生"和"未来教师"双重角度出发，全面审视和完善师范生数字素

养的培养课程，构建适应数字时代发展的课程体系。

一方面，内容上要适应数字时代的教育发展需要。推进大学生信息技术基础、现代教育技术等传统课程的内容改造，增加人工智能、大数据分析与处理等方面的课程，体现数字技术与教育融合发展的最新内容。

另一方面，形式上多样化。既要重视线下课程的建设，又要引入优质的线上课程，还要加强实践课程、体验课程的建设，以多种形式提升课程教学效果。

（1）优化课程体系

依据师范生数字素养的标准制定清晰、明确的培养目标，依托现代教育技术课程的单一培养路径不可取，需要将前期和后续的相关信息化课程以及师范生技能相关竞赛、实习实践课程都纳入数字素养课程体系中，构建系统化的课程培养体系，使信息化教学的各知识点形成链条，形成系统。课程体系在结构上要体现信息时代教师专业的知识构架，在课程层次上要体现"教学法知识—教学设计知识—信息化技能知识—教育实习"脉络，调整课程设置开设时间，增加信息化教学选修课程，实现四年不间断提升数字素养的课程体系。

（2）优化课程内容

以核心课程现代教育技术为例进行课程内容的优化，将课程内容进行梳理和重构，形成三个理论模块和四个实践模块。三个理论模块包括现代教育技术历史与发展趋势（从课程发展历程、定位与目标出发，引导师范生充分了解信息技术）、信息技术与教师专业发展间的关系（理解有效应用信息技术对于推进教育现代化、促进教育改革的重要作用）、信息化教学设计（在信息化环境下尝试对教学内容、教学方法、教学评价和信息技术进行匹配，善于运用信息技术促进自我反思与实践）。四个实践模块包括实用教学技术能力探索（结合专业学科知识内容，实现思维导图、智慧学习平台、人工智能 APP 等应用探索）、信息化教育资源开发（结合专业学科知识完成数字化资源的获取、加工，设计开发专业课程知识的微资源作品）、智能时代教学活动探索（模拟开展智慧教室环境下的教学活动）、评价工具探索应用（调查、评价、测量、数据分析工具使用）。

为确保师范生的数字素养得到全面、持续的培养，师范院校应建立健全数字素养课程体系，将数字素养的培养纳入各专业课程和必修课程中。同时，建立数字素养的评估机制，既包括对学生数字技能的考核，又包括对其创新能力、教学设计能力等方面的综合评估。通过科学的评估体系，及时了解师范生的学习进展和不足，为后续的教育干预提供依据。

2. 构建数字素养培养联动共同体

师范生具有"在校生"和"未来教师"双重身份，师范生的数字素养培养需要协调师范院校、中小学、数字技术企业等多方力量，构建数字素养培养联动共同体。该共同体以提升师范生数字素养为目标，发挥各方优势，共同推动师范生数字素养的全面提升。

（1）强化实践及考核

一是拓展校地、校校协同培养平台，协同制定教学实践计划和内容，编写适用的实践指导手册。二是定期开展教学技能展示系列活动，邀请中小学教师现场指导说课、评课，不断提升师范生的教师职业素养和技能。三是将实践成果置换成绩方式纳入课程考核中，以强化应用信息技术解决问题的能力。

（2）提供数字化场景

师范院校应发挥主导作用，通过优化课程体系、营造良好的数字化氛围、组织师范生进行学习实践等措施，使师范生掌握数字化教育的基本理论及实践技能。中小学校可以为师范生提供数字化教学的真实场景，让其通过观摩基础教育的数字化教学真实场景，直观感受数字化教学的发展现状，了解基础教育数字化教学的创新需求，不断深化理论知识的学习和提升数字化教学实践技能。数字技术企业可以为师范生提供产品应用服务。师范生通过到企业考察交流，观摩教育数字化应用场景，体验教育数字化产品，深入了解教育数字化技术在教育行业的应用，对教育数字化技术和发展趋势有直观的认知。

（3）推动校企合作，丰富实践培训内容

高校可以通过校企合作与数字技术企业、教育科技企业合作，为师范生提供多样化的实践机会。通过合作共建教育实践基地，提供带薪实习、项目开发等机会，不仅可以增强师范生的实践能力，还能提升他们在数字技术应用中的自信心和创新能力。同时，这种合作有助于教育理念的更新与科技手段的创新，推动师范生数字素养的全面提升。

（4）多元共育，共建数字素养培养协同机制

师范生数字素养的培养，需要政府、社区、高校、企业等多主体的共同参与。政府应加强对高校数字素养教育的指导与支持，为打造数字高校提供必要的政策依据和经费保障。社区应充分发挥公共图书馆、博物馆等文化机构的育人功能，为师范生提供社区数字教育资源和数字技术的咨询与指导服务。各类企业和中小学校应以高度的社会责任感参与师范生数字素养培养，通过共商培养目标、共建实践基地、共用数字资源、共享培养成效等路径形成多主体协同共育的工作机制。

3. 强化师资培训与发展

为了提高数字素养教育的质量，首先要注重师资队伍建设。教师应定期参与信息技术培训，提升自身的数字素养，并且具备将数字技术有效应用到教学中的能力。师范院校还可以引入信息技术领域的专业人才，开设数字素养相关课程，并鼓励教师进行跨学科的教学合作，丰富教学形式和内容。与此同时，可以通过邀请数字化教育专家举办讲座或培训班，激发师范生对数字素养学习的兴趣

与热情。

师范生的数字素养培养离不开高水平的教师团队。高校应加大对师资的培训力度，特别是信息技术与教育学科的交叉培养。教师应定期参加专业的数字素养培训，掌握最新的教育技术应用，提升教学质量与技术融合能力。通过不断提升教师的数字素养，形成良好的师生互动，激发师范生的学习兴趣和创新思维。

探索人工智能支持的教师发展道路。人工智能技术已经进入通用化阶段，不再针对每个领域训练不同模型，而是训练适用于所有领域的通用大模型，应用模式从专用走向通用，应用流程从分发走向生成，应用场景从单一走向多元。人工智能将为师生提供更加适切的教与学，促进空间泛在化、过程个性化、方式协作化、评价多元化。未来教育新格局将会成为"师、机、生"三元结构，改变师生之间的授受关系，智能工具成为联通人类世界与数字世界的超级中介，能够扮演教育教学活动的参与者角色，为教师和学生赋能。

4. 营造良好的数字素养培养氛围

良好的数字化氛围能够潜移默化地影响师范生的认知和行为，营造体现数字文化、与数字素养培养相适应的环境能够有效地提升师范生的数字素养。

一方面，师范院校需要不断加强数字化基础设施建设，搭建智慧教室、未来学习空间、AI 师范技能实训平台、智慧教学平台、数字化教育资源平台等环境，构建以学习者为中心、以数据为中心的数字化教学应用场景。师范生在数字化应用场景中应用数字化教学设施、观摩教师的数字化教学示范，通过全方位的体验，在潜移默化中深化对数字化的认知。

另一方面，师范院校可以通过开展专题讲座、举办数字化相关竞赛、组织实践体验等形式多样的数字素养教育活动，营造数字素养培养的积极氛围。特别是要注重实践体验活动，让师范生亲身体验虚拟现实、增强现实、AI 大模型等数字智能技术，激发师范生的学习兴趣和热情。

同时，加强数字化教学与实训环境建设，丰富教师数字学习体验，提升智能研训时效，以此提升教师数字素养。构建基于大数据的备、教、学、考、评、管一体化的教学系统和课堂教学智能督导平台，开展智能教育示范应用，如对师范生进行智能化粉笔字考核，指出书写的不足。

师范生数字素养的培养策略涉及多个层面，包括理论教育、技能训练、创新思维的培养以及长效机制的建设。只有通过多角度、多层次的策略实施，才能有效提升师范生的数字素养，推动教育信息化进程，并为未来的教育改革与创新奠定坚实的基础。

信息时代，数字技术将逐步融入教育教学的各个环节，数字素养培养关系师范生的培养质量，是提高师范生数字化学习能力、创新能力和未来教师数字化教育教学能力的重要措施。

　　师范院校、教师教育工作者和师范生要充分认识数字素养对师范生发展的重要意义,通过构建科学的数字化素养的课程体系,营造良好的数字素养培养氛围,打造数字素养培养联动共同体,构建数字化教育生态,全面提升师范生数字素养,以培养适应数字教育时代的未来教师。

第六章　卓越师范生培养机制探析

第一节　卓越师范生基本内涵及其特征

一、卓越与追求卓越的一般意义

卓越有非常优秀、特别出色之意，它是建立在优秀基础之上的。优秀教师是高素质，有理想、有抱负，积极进取的教师团体。他们一直在揣摩卓越的意义，并为成为卓越教师不断地努力。

（一）卓越与卓越师范生的定义

"卓"的本义是高而直、高明。"越"的本义是：跳过；不按照一般的次序，超出；（声音、情感）昂扬。"卓越"的释义为杰出的，超出一般，非常优秀。"卓越"的近义词有优秀、优越、卓著、优异、出色等。然而，卓越与优秀存在细微的不同之处，它们在比较的范围和对象上是有差别的。优秀一般是指在和别人相比较中产生的，也就是在做同样的事情上，工作效率比别人更高、工作效果比别人更好；而卓越，是一种对自己或对别人的超越，往往是一种由目标支配的战略境界，一个人只有立非常之事方可称为卓越。优秀是达到或超过某一领域的较高标准；卓越则是突破常规，引领行业的非凡成就，具有创新性和深远影响力。

可见，卓越就是处于优秀之上的一种出色，是在优异基础上的一种超越。何谓卓越师范生？目前理论界并没有一个明确的界定，出现了百家争鸣的盛况，中外不同的学者、不同的专家对于卓越师范生的理解及定义不同。国外对卓越师范生的研究主要是从性格特质、专业技能、专业情操、专业自我、专业理想、实践能力、价值取向等方面对卓越师范生进行界定。

"卓越师范生"从字面意思可以理解为师范生这一大群体中的"特别优秀者"，也就是师范生队伍里的佼佼者和引领者。然而，"卓越"和"优秀"的边界到底是什么？不同的教学流派、不同的教育专家都有自己各自的判断标准。优秀师范生怎样才能成为"卓越师范生"？这一问题具有动态性，尚未形成量化的标准，所以"卓越师范生"这一概念具有相对性和动态性，它随着时代的进步、教育理念的更新而不断地变化，但是其本质并没有改变。卓越师范生拥有高尚的职业道德、深厚的人文素养，不断追求专业精益求精，具有独特的教育风格、教育理念，及时改进教育教学方式、教学方法，引进或创新教育理论，追求更高的专业发展境界，以适应新时代的教育需求。

（二）师范生追求卓越的一般意义

师范生追求卓越的核心意义在于培养能够担当民族复兴大任的教育家型教师，其一般意义体现在以下方面。

1. 对国家教育战略的支撑

响应新时代教育强国要求，通过强化卓越师范生师德养成、教学创新能力和终身学习能力，直接服务于"培养堪当强国建设栋梁之材"的国家战略。通过思政教育传承，引导卓越师范生树牢社会主义核心价值观。通过培养具有国际视野和创新能力的卓越师范生，为国家培养更多高素质的教育人才，提升国家的整体竞争力。

卓越师范生课程体系建构强调"学术卓越与教育情怀并重"，通过成果导向教育理念培养卓越师范生，为地方教育输送优质师资。卓越师范生具备扎实的专业知识和教学技能，能够显著提升整体教育质量。他们不仅在理论上有所建树，还能在实际教学中灵活运用，满足不同学生的学习需求。

2. 对教师专业发展的重塑

能力结构的时代升级，将师范生传统"德艺语技"培养目标拓展为包含现代师德、高阶学科与跨学科素养、智能素养、实践创新能力、全球胜任力的五大核心素养，呼应数字化时代需求。卓越师范生具备创新思维和改革精神，能够在教学实践中不断探索新的教学方法和手段，推动教育体系的创新和发展。

3. 对个体职业价值的升华

从"技术型"到"教育家型"的跨越，卓越追求推动师范生从"站好讲台"的技术层面，转向具备创课能力、育德智慧的复合型人才。

职业认同的内生强化，通过学习共同体建设，使卓越师范生在师范生教学基本功大赛中获得价值确认。卓越师范生在偏远地区或教育资源匮乏的地区任教，能够缩小城乡教育差距，确保每个孩子都能享受到高质量的教育资源，从而促进教育公平。

师范生的卓越追求本质是教育供给侧结构性改革，通过"铸师魂-强师能-树师表"三位一体培养，最终实现"让优秀的人培养更优秀的人"的教育生态闭环。

二、卓越师范生培养标准体系构建：新时代教师核心素养全景透视

在《中国教育现代化 2035》战略框架下，基础教育师资培养正经历从"合格"到"卓越"的范式转变。教育部 2023 年发布的《新时代基础教育强师计划》不仅为师范教育指明了改革方向，更是实现教育高质量发展的关键支撑。深入解析卓越师范生的核心素养标准体系，揭示其内在逻辑与实践路径。

（一）教育情怀：立德树人的精神根基

卓越师范生的教育情怀需要超越职业选择层面，升华为价值信仰体系。这种情怀体现在三个维度：其一，对教育本质的深刻认知，理解教育是"一棵树摇动另一棵树"的生命对话过程；其二，对教育公平的执着追求，如张桂梅校长扎根滇西经济困难地区办学的精神传承；其三，对教育艺术的虔诚敬畏，保持"教学永远具有创造性"的初心。研究发现，具有强烈教育情怀的师范生，从教五年后的职业留存率高出平均水平42%，其班级学生的社会情感能力发展指数显著优于对照组。

培养路径应构建"浸润式"育人环境：通过教育经典研读（如《给教师的建议》深度共读）、名师工作坊（如每月至少8学时实践观摩）、教育叙事写作（如每周撰写1000字教学观察笔记）等方式，将教育情怀具象化为可观测、可培养的行为特质。

（二）专业素养：学科育人的硬核实力

扎实的专业基础包含"双金字塔"结构：底层的学科本体性知识（学科核心概念、发展脉络、前沿动态），中层的教育理论知识（学习科学原理、课程设计理论、评估测量技术），顶端的实践性知识（课堂应变智慧、学情诊断能力）。以数学师范生为例，不仅需要掌握高等代数的抽象思维，更要理解中小学数学知识的结构化表征方式，如分数概念的"份数定义""商定义""比定义"在不同学段的呈现策略。

创新型培养模式正在重塑专业训练范式。例如，"微格教学+AI智能诊断"系统可对10分钟教学片段进行20多个维度的数据分析；"临床实践学分制"要求累计完成200学时真实课堂观察与80学时独立授课；"学科工作坊"实施项目式学习，如物理师范生需要完成"跨学科STEAM课程包"开发。

"双导师制"（高校教授+中小学特级教师联合指导）使毕业生的教学设计优秀率显著提升。

（三）创新教学：课堂革命的实践智慧

教学创新能力体现在三个转化层面：将技术工具转化为认知支架（如用GeoGebra可视化函数变换），将生活经验转化为学习情境（如结合社区垃圾分类设计统计单元），将学科知识转化为核心素养发展载体。例如，深圳某中学青年教师开发的"历史时空走廊"虚拟现实课程，通过三维重建历史场景，使学生的史料实证能力提升40%。

创新培养需构建"三环嵌套"机制：基础层夯实教育技术能力（如通过慕课完成 50 学时数字素养课程），中间层强化教学研究能力（如每学期完成 1 项微课题研究），顶层发展教育设计能力（如参与学校课程改革项目）。

（四）综合育人：全人发展的系统工程

综合育人能力要求打破"学科本位"思维，建立"五育融合"的实施框架：以"教材"为载体，从"五育融合"的角度挖掘教材中蕴含的"五育"育人点，整体设计与实施五育融合。例如，在德育教材中挖掘文化认同、习惯养成、人格健全，实现以德养心、以德育美；在学科教材中凸显科学与人文相融合，整合学术性与实践性，注重以知养德，以知育美；在体育教材中强化体育与健康核心素养，注重以体育人、身心两健；在美育教材中整合美育专业课程及社团活动等资源，促进以美养德、以美启智；挖掘劳动教材中健全人格、服务社会的理念，以劳树德，以劳强体，以劳育美。

培养体系需要建立"三维联动"机制：课程层面设置儿童发展心理学、班级管理等必修模块；实践层面实施"导师制+项目制"（如指导 10 名中小学生完成成长档案）；研究层面开展教育生态研究（如校园隐性课程的影响评估）。

（五）终身学习：专业进化的动力机制

终身学习能力包含三个核心要素：元认知能力（对自身知识结构的监控与调节）、知识迁移能力（跨领域的问题解决）、学习共同体构建能力（专业社群的协同进化）。调研显示，具有持续学习习惯的教师，其教学效能感年均增长率显著高于行业平均水平。

培养策略需要打造"双螺旋"支持系统：显性课程设置学习科学、知识管理等前沿课程；隐性课程构建"U-G-S"（大学-政府-中小学）协同发展平台。将学术研修、教学反思、课题研究等转化为可累积、可兑换的发展资本，有效激活师范生的学习内驱力。

新时代卓越师范生的培养，本质上是教育生态的重构工程。以上五个维度相互渗透、动态生成，共同构筑起未来教师的专业基因。当这些标准从文字转化为教育实践，我们终将见证：一批批具有中国底蕴、全球视野、未来胜任力的教育家型教师，正在从师范院校的摇篮中走向基础教育的第一线，书写着民族复兴的教育篇章。

三、卓越师范生的特征

师德的表率、育人的模范、教学的专家是对卓越师范生未来个人精神风貌和个性特征的高度概括。卓越师范生作为最优秀的群体之一，其背后一定会蕴含着某些优秀的内在品质、独特的精神风貌，作为未来基础教育教学实践的有力支撑。

卓越师范生具有高尚的人格和高雅的人生修养。高尚的人格是他们未来的职业要求和教书育人的前提要求，而人格魅力是教师的道德水平的集中体现。专业特征是卓越师范生的卓越之处的重要体现，突出的专业技能是卓越师范生专业素质的具体体现。具体特征主要包括人格素养、知识素养、能力素养、职业情感素养等几个方面。

（一）卓越师范生的人格素养特征

1. 从卡特尔人格因素分析

人格特征是指个人在成长的过程中和在长期从事专业活动过程中所形成的一些稳定的品质。人格特征的主要表现可以从美国伊利诺伊州立大学人格分析专家卡特尔（Catell）的 16 种人格因素进行分析。这 16 种人格因素分别是乐群性、世故性、忧虑性、实验性、智慧性、稳定性、独立性、自律性、紧张性、兴奋性、永恒性、敢为性、敏感性、恃强性、怀疑性、幻想性。结合这 16 个方面对卓越师范生进行调查有以下发现。

首先，卓越师范生思维敏捷，满怀使命感和热情。卓越师范生视未来教育工作为"天职"，热情地帮助和服务每一个学生的学习与成长。在此过程中，他们善于思考问题，善于发现问题，在课堂中尽可能激发学生的潜能。其次，卓越师范生独立性强，能够在学科学术问题上提出自己的看法，并坚持和证实自己的观点。再次，在生活中严谨自律、宽以待人、积极乐观。最后，在情绪的控制方面，卓越师范生的情绪更加稳定，更加坚定、自立自强、处事理智。总之，和一般的师范生相比，卓越师范生具有的更加明显的人格特征是稳定、成熟、责任心强、独立、执着、认真、好强等。正是这些特征塑造了卓越师范生的个人基本素质，奠定了个人具有卓越性的基石。除此之外，卓越师范生具有特有的人格魅力，集文明、典雅、智慧于一身，能做到平易近人，和蔼可亲，乐于奉献，为人正直，能真正做到"为人师表""以身作则""言传身教"。

2. 从苏霍姆林斯基的教师人格素养分析

著名的教育家苏霍姆林斯基非常重视教师的人格修养，他说："必须使教师的人格能吸引学生，以其思想和生活观点、信念、道德伦理原则、智力的丰富性和热爱劳动品质的完美性来鼓舞学生。只有让学生从内心希望成为像教师那样的人，教师所说出的话才具有一种吸引和鼓舞他的力量。在这一条件下，他的知识才能积极快速地转化为信念。那么在教师的人格中，什么东西能吸引儿童和青年？这首先就是教师在生活、工作、行为中体现的理想、原则、信念、观点、道德和伦理立场的和谐的统一体。"因此，卓越师范生应能够做到以下几点。

（1）树立正确的人生观

人生观指的是人们对人生目的和人生意义的基本看法，是世界观在人生问题上的具体体现。人生观在某种程度上决定人生的方向和人生的发展道路，决定人生的意义和社会价值。正确的人生观是形成卓越师范生良好心理素质和正确行为的思想支柱。卓越师范生树立正确的人生观和崇高的理想，就会以积极的心态去对待社会，对待人生，正确地处理个人与学生、个人与社会的关系，从而树立良好的未来教师形象，起到示范作用。

（2）正确的自我意识

自我意识是个体对自己及对周围环境关系的意识。师范生的自我意识与其人格发展是紧密联系、息息相关的。自我意识对卓越师范生人格的发展、综合素质的提高都具有制约和调控作用，影响卓越师范生整体发展方向。卓越师范生需要不断进行自我监督、自我反省、自我批评、自我提高，以完善人格发展目标，丰富人格发展的内容。正确的自我意识能使卓越师范生对自己的人格有比较清楚的认识，明确自己要发扬哪些有利因素，克服哪些不利因素。

（3）培养良好的性格

性格在一定程度上决定了成败，性格是一个人对现实的稳定态度和习惯化了的行为方式的个性心理特征。卓越师范生乐观向上、活泼开朗、正直无私、谦虚善良等良好的性格，会在今后从教时对学生产生潜移默化的影响。相反，如果师范生性格孤僻抑郁、心胸狭窄、傲慢冷漠、萎靡不振，将会在从教时使学生心情压抑、情绪沮丧，不利于学生优良人格的形成及健康成长。

（4）端庄的仪表风度

为人师表是卓越师范生义不容辞的责任。卓越师范生的仪表风度、生活作风并非微不足道的细枝末节，它直接关系到卓越师范生的外在形象和内在涵养，影响着卓越师范生的人格魅力。因此，卓越师范生应有端庄的仪表风度、高雅的生活作风和良好的行为习惯。

（二）卓越师范生的知识素养特征

知识素养特征主要是卓越师范生在教育教学方面所表现的比一般师范生更具有典型性，更具有代表性的一些特征。

1. 先进的教学理念

教学理念是教师在教学活动中所遵循的一些基本信念和看法，是教学行为的指导思想。这些教学理念主要通过教学设计和教学过程表现出来。在遵循教育原则的前提下，卓越师范生会充分肯定学生的主体地位，理解、尊重学生，愿意聆听学生的意见，听取学生的心声，愿意与课程同行，与学生为伴，建立一种师生平等、师生为朋友的友爱和谐关系。卓越师范生也会坚守自己的教育立场，用发展的眼光去启迪学生的智慧，用终身教育的理念去要求和指导学生的发展方向，把教书和育人融为一体。与此同时，卓越师范生积极汲取先进的教育理念，不断丰富自己的教育见识，时刻使自己处于一个与时俱进、教育理念保持更新的状态中，用更新的教育理念指导教育实践活动。

2. 精深的学科知识、广博的文化知识和教育实践知识

专业知识主要包括所教学科的知识、条件性知识、实践性知识和一般文化知识。卓越师范生的教学过程无形中凝结了具有个人独特魅力的教学风格，这些教学风格源于卓越师范生教育经验的积累和教育智慧的展现。教育实践性知识是指卓越师范生的在教育过程中为了实现教育的目的所设立的教育情景和参加的各种社会实践活动，这个过程也是卓越师范生教育经验积累的过程。

（三）卓越师范生的能力素养特征

1. 教学能力

卓越师范生的能力素养特征指的是在教育实践过程中所表现出来的特殊性，主要集中体现在教学能力方面。卓越师范生更加倾向于新型的教学法，敢于运用新的教育理念创新教学法，并及时将其运用在教学实践中。

2. 教育能力

教育能力集中体现在师生关系上和课堂教学中。在师生关系方面，卓越师范生一般都是以平等的方式和学生进行交流、交往，师生关系融洽。从卓越师范生的个性特征来说，他们温和，平易近人，和蔼可亲。在课堂教学中秉承学生为主体地位，一切以学生为中心，建立起师生友好关系。最后达到的效果是教师快乐地教，学生快乐地学，做到了真正的乐教。

（四）卓越师范生的职业情感素质特征

职业情感指的是指卓越师范生对教书育人职业的基本态度和基本看法。

1. 对教师职业的热爱

师范生的教育情感集中体现了对教育事业的爱。教师的情感素质是教师综合素质的组成部分；教育情感影响教师人格特点的形成，是教师必不可少的品质。教师的情感素质主要表现为对教育事业的爱、对学生的爱、对教学研究的爱和对所教学科的爱。没有这份真诚的爱，就不会产生教育的火花；没有强烈爱的情感，就不能成为卓越的教师。

对教育事业、对学生发自内心的爱是卓越师范生的显著特征。对教育事业真

挚的爱，是卓越师范生之所以卓越的前提，这种爱为未来教师职业的发展提供了精神的支撑和保障，为忠诚教育教学职业增添了一份理智。正是在爱的情感催化下，卓越师范生才自愿加入教育教学团队，体验教育教学的快乐，品位教育的润泽和感化。

2. 对教师职业的坚持

卓越师范生对未来职业的满意度比较高。职业的满意度高更益于产生职业幸福感。

（1）职业认同感

职业认同感是个体对所从事职业的目标、社会价值及其他因素的看法与社会对该职业的评价及期望的一致。卓越师范生对未来教师职业的积极评价影响其对职业的忠诚度和事业心。

（2）角色观

角色观是卓越师范生对未来教师角色的评价，主要体现在卓越师范生对教师这一角色存在意义的认同。

（3）职业成就感

职业成就感主要体现在自己的职业荣誉上，并进而上升到情感体验上。卓越师范生的职业成就感更多地体现在对本学科的教育教学理论的完善和集名师工作室的名师于一体，带动整个学科的发展。

第二节　百年书院精神浸润卓越师范生 "师德师能师艺" 培养模式的构建与实践

西安文理学院办学历史可追溯至 1903 年设立的陕西师范学堂，当时以培养优秀小学教师而闻名全国，其校址前身是始建于 1609 年的明、清两代陕西最高学府关中书院。学校秉承 "敦本尚实，崇真践履" 百年书院精神，赓续师范传统，厚植师范优势，2003 年开始针对师范生教育情怀欠缺、理论实践割裂、审美素养缺失等问题，将书院精神纳入教师教育地方课程体系中，依托省教改重点攻关项目等 20 项省部级教改项目，历经百年办学、20 多年实践创新、十几年实践检验，形成了卓越师范生 "修师德、强师能、精师艺" 培养模式（图 6-1）。修师德即注重师德养成，培植教育情怀；强师能即立足岗位能力，开展协同育人；精师艺即弘扬艺术兴学，实施师艺培养。

该模块通过打造书院精神通识核心课程体系和富有关学特色的书院实践和文化，用卓越书院精神引领师范生的教育情怀，提高经典文献阅读理解能力，夯实学生学术根基；搭建 "333"（三级专业能力训练体系、三类实践情意培养体系、

"三进"实践创新培育体系）实践平台强化实践体验，提高学生实践智慧；构建公共艺术教育课程体系，实施师艺素养浸润的"U-G-S-S"合作模式和多元评价体系，提升师范生艺术素养和教学艺术能力。重塑教师教育类课程体系如图 6-2 所示。

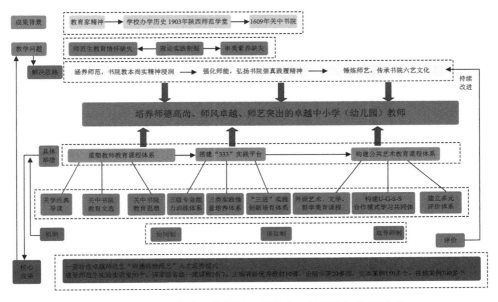

图 6-1　卓越师范生"修师德、强师能、精师艺"培养模式

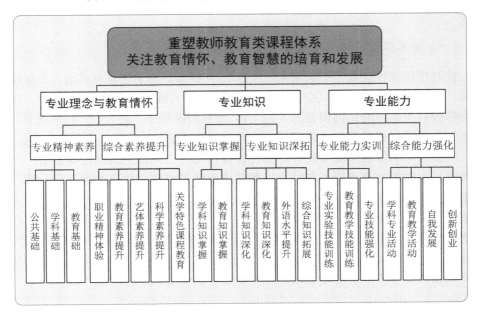

图 6-2　重塑教师教育类课程体系

一、目前高校师范生专业培养存在的主要问题

（一）师范生教育情怀欠缺，职业认同不高

师范生从教热情低落，职业坚守"燃料告急"。由于传统教师教育课程体系中，我国通识教育占总课程比例为 20%～25%，相比发达国家门类少，占总课程比例小。教育专业课程和传统文化课程欠缺，导致师范生对教育的理解浅薄，淡化了对职业的认同，教育情怀难以养成。

（二）师范生实践智慧不足，理论实践割裂

由于理论与实践割裂，师范生难以在真实场景中内化教育教学理念和技能，毕业生的教育教学能力尚不能完全适应基础教育的需要。表现为：一是忽略技能与教育理论的有机融合；二是弱化教育机智能力和创新能力的培养，导致学生实践智慧生成受阻。

（三）师范生审美素养缺失，教学艺术有待提升

长期以来，师范生审美教育课程和专业课程一直处于"两张皮"的状态，审美教育实践活动形式相对单一，审美教育共同体课程资源挖掘不够深入，师范生审美素养缺失，教学艺术有待提升。

二、卓越师范生专业培养的主要举措

（一）涵养师德，书院敦本尚实精神浸润，深化教育情怀

针对传统课程设置不平衡现象，经过 15 年探索，为学生量身打造"关学经典导读、关中书院教育文选、关中书院教育思想"三大模块 10 余门通识课程，将学科类和教育类课程的比例调整为 1.23∶1，教育类课程在"老三门"的基础上，有机融入反映教育研究最新成果、基础教育改革等方面的内容。

挖掘百年书院敦本尚实精神等隐性课程作用，让师范生阅读经典名著，在与大师对话中领悟教育真谛。在校内以雕塑或画报形式建立模范教师文化长廊，开展演讲比赛、教学技能大赛等活动，使师范生将教育情怀内化于心。会聚学者编著系列"关中书院丛书"，举办"关中书院大讲堂"，制作"关中书院"电视节目，与小学共建"关中书院文化传承基地"；学生自编自导自演舞台剧在校内外公演。开展"树立教育情怀，做新时代'四有'好老师"师德主题教育活动，通过献花、献诗、献红领巾的"三献"活动，对新生进行职业启蒙和教育情怀培育。

（二）强化师能，弘扬书院崇真践履精神，促进学生实践智慧生成

秉承书院崇真践履精神，搭建"333"实践平台。一是通过"日常-年度-学程"专业能力训练、专业能力大赛、专业能力考核三级体系，强化师范生的实践能力；二是通过"融、创、改"三类措施，"融"课程思政于课程体系，"创"多样化育人方式，"改"多元化评价体系，强化师范生实践情意；三是通过进课堂、进项目、进市场"三进"渠道，开设创新创业课程，培育学科竞赛项目和团队；扶持文创及教玩具研发，培养师范生创新意识和实践创新能力。

（三）锤炼师艺，传承书院六艺文化，提升艺术素养和教学艺术水平

师范生的美育结合书院六艺文化，通识课程中开设艺术、文学、哲学美育课程，提高师范生人文修养、审美能力。建立 U-G-S-S 合作模式学习共同体，学校将服务学习嵌入审美教育实践活动中，通过学生参与社会服务来开展课程学习，如支教、薄弱学校艺术课程送教等。加强与农村社区合作，参演"关中忙罢艺术节"，让音乐、陶艺走进乡村，促进乡村振兴；文旅融合，参演"以国风致敬山水"礼乐会，弘扬书院精神。构建四步联动临床实践体系，经由"现场观摩—实践体验—经验反思"等提升审美能力。突破评价"一元化"目标，构建个性化多元评价指标体系，丰富评价主体，更好地带动教学反思，实行过程性评价和终结性评价、定量评价和定性评价相结合。

三、建立卓越师范生隐性专业成长培养机制

（一）构建师范生隐性专业成长模型，丰富师范生专业发展理论

凝聚百年办学经验，聚焦教育实践，聚焦隐含于教学行动中、缄默的、内涵式师范生教育情怀素养的培养，关注师范生自我激励、沟通协助、情绪管理、心理韧性等积极心态培养，构建多维度、立体化、发展型师范生专业成长模型，将师范生专业素养逐步深化为实践认知、实践情意、实践行动和实践创新，突破传统只重理论或过于注重技术工具视域，拓展师范生专业发展理论生长空间，促进师范生教育情怀与职业情意的有机融合。

（二）创建"修师德、强师能、精师艺"人才培养模式和搭建"333"实践平台，增强师范生实践智慧

构建以厚植教育情怀为根本，以传播关中书院文化为核心的卓越师范生"修师德、强师能、精师艺"人才培养模式。提高经典文献阅读理解能力，夯实学生学术根基，探索开发关中书院文化资源培育卓越师范生的有效途径。创建师范生专业成长实践社群，搭建"333"实践平台，将"实践智慧"创造性纳入培养体系，

助推师范生教育情怀的培育。

（三）建立 U-G-S-S 合作模式和评价体系，促进师范生艺术素养和教学艺术的提升

搭建多层次、多类型的培养平台，形成师范生艺术素养培养的网络系统，加大政策、实践和理论的支持力度。继承 U-G-S 模式优势，建立 U-G-S-S 合作机制，为城乡师范生专业成长提供保障，拓展合作途径。创建全员达标、方法多样的评价机制，实现对师范生专业成长监控的常态化、全程化和动态化，提高评价的科学性和可操作性。构建卓越师范生多元评价体系；关注内部激励，制定评价标准，运用发展性评价方式改革传统的显性评价范式，促进卓越师范生艺术素养和教学艺术的提升。

在中小学教师职业能力标准背景下，加强对卓越师范生专业技能开展研究与实践，坚持育人为本，实践导向，以课程学习为先导，以过程实训为重点，持续养成，综合提升。从低年级到高年级按"体验式—参与式—操作式"递进的原则，实现师范生专业技能培养与达标考核有机结合，促进师范生的全面发展。

第三节 卓越师范生"三全育人"模式的含义和运行机制

一、"三全育人"模式的含义

"三全育人"是指全员育人、全过程育人、全方位育人。其中，育人是核心，而全员、全过程、全方位则分别指育人队伍、育人时间和育人空间三个方面。在"三全育人"理念下，通过全员、全过程、全方位的育人方式，培养德智体美劳全面发展的卓越师范生。这一理念强调，教育是一个系统工程，需要家庭、学校、社会多方面的共同努力，以促进卓越师范生的全面发展。

（一）全员育人

全员育人即人人育人，主要是从育人主体而言，强调每个人都要有育人意识，树立起育人责任感，在自己的本职工作中发挥育人的职能，并且相互配合，交叉合作，形成一股强大的育人合力，构成完整、全面、和谐的卓越师范生教育工作体系和格局。这里的"人人"主要指高校里的全体教职员工和师范生。

让学生和教师共同参与课程实践。在教学体系改革中始终坚持的理念是将主体——学生和教师——置于中心地位，学生全员参与实践教学，教师全员参与学生实践教学的指导。通过强化课程实践环节的设计与实施，如明确"教育实践时间不少于 18 周""安排专业教师带队到实习学校，同那里的教师共同指导实习全过程"等实践教学要求。

除了开设实践类课程之外，还要推进以师范生实践反思能力发展为中心的教学模式改革，鼓励学生自主、合作与研究性学习，倡导案例教学、问题教学和讨论教学等，提升学生潜能。课外，创设"竞赛+项目+考核+特色"的实践体系，通过国家级大学生创新创业训练项目、教师专业核心能力考核、师范生导师制等提升学生能力。以"专业技能大练兵""教师技能展风采"为代表的实践活动，贯穿从大二到大四各学年，形成分阶段、分环节的师范生教学技能竞赛体系，让每个学生都深度参与这场教育教学的变革，稳步提升其创新能力和综合素质。

（二）全过程育人

全过程育人主要是从时间上而言，它强调育人要贯穿师范生学习、成长的全过程，要认真研究师范生从高校入学到高校毕业的每个阶段的特点及身心发展规律，以及师范生每个阶段所面临的实际问题，有针对性地规划从低年级到高年级不同阶段教育的工作重点和方法，促进卓越师范生的成长。

让实践贯穿人才培养各环节。面对师范生成长过程中存在的"理论与实践相脱节""实践教学片段化"等问题，构建全过程化实践教学课程体系，通过有序衔接、螺旋递进的实践教学环节，确保实践贯穿人才培养的全过程。师范专业实践教学比例超过20%，21学分必修课模块，30门教师教育相关选修课，"三习"安排不少于18周……以"实践取向"为核心理念，打破"老三门"教师教育课程的框架，让大量选修课程进入学生视野，从而让"实践"二字渗透到教师专业素养提升的方方面面，为学生未来的专业实践打下良好的基础，解决传统教师教育课程中理论与实践脱节的问题。

针对师范生培养普遍存在的实践教学片段化问题，推进"学做相融"，通过螺旋递进的实践教学体系，在专业见习、专业社会实践、综合实训、专业实习、专业研习及毕业论文写作的过程中都注入实践的"因子"，推动学生的实践能力持续提升。运用案例教学、问题教学、讨论教学等教学方法，促进教师教育课程与学生经验的联结，培养学生自主、合作、探究的学习习惯，让学生在未来的工作岗位上能有更长远的发展。

（三）全方位育人

全方位育人主要是从空间上而言的，它强调育人要体现在促进师范生全面发展的各个方面和环节，育人工作者要根据师范生的学习和生活实际，将显性德育与隐性德育相结合，通过有形的或者无形的手段把卓越师范生教育渗入其学习和生活的各个环节，渗透到教学、管理和服务的各个方面，使师范生形成良好的思想品质和人格修养，促进其全面发展。

为学生提供全方位的实践机会。面对师范生培养过程中实践内容窄化、不能有效支撑学生核心素养与能力培养的问题，从教学空间维度上突围：让师范生的实践针对基础教育专业实践中的高杠杆，覆盖教师专业实践的核心领域，如师德体验、教学实践、班队管理实践、技术融合实践和教研实践等，为学生提供多领域、全方位的实践机会。为此，应积极拓展整合优质资源，形成与中小学、地方政府多方协同的实践育人平台，提升学生的职业素养和创新潜力。

在教育行政部门的统筹协调下，高校与中小学签订教师发展学校建设协议，建立协同培养的培训机制，高校与教师发展学校在教学、科研、学生实践及教师培训与交流等方面逐渐形成有效的沟通与合作机制，以逐渐显现师范生培养的特色效应——毕业生综合素质高，学生教师资格考试通过率高，教学技能大赛成绩突出。

从理论上对"三全育人"模式进行周密设计，一方面是为了在理念上使"三全育人"德育模式更完善、更严谨；另一方面是为了能使理念更好地运用于实践。丰富的理论内涵是"三全育人"模式的闪光之处，现实操作策略更是"三全育人"模式得以构建的建设性意义所在。在对师范生进行思想品德培养过程中，应积极打造学校全面育人的文化，不仅要做到全员育人，而且要做到全课程育人、全环境育人、全过程育人。学校的校风、教风、学风以及管理人员、后勤人员的工作作风是育人文化的核心，在师范生的思想品德形成过程中有着非常重要的、潜移默化的影响作用。

二、"三全育人"的运行机制

理论要应用于实践，需要一定的中介才能将两者结合起来。"三全育人"模式要真正将理念应用于实践操作，需要凭借一定的运行机制才能实现。运行机制是"三全育人"理念的具体形式，也是"三全育人"理念取得成效的途径。

（一）建立党委统一领导，各部门齐抓共管的卓越师范生培养队伍机制

振兴民族的希望在教育，振兴教育的希望在教师。教师是育人队伍中的重要组成部分，事实上现在的育人队伍的内涵和外延已经延伸和拓展，育人队伍是我国教育改革和顺利发展的重要保证，育人队伍的素质一定程度上决定了教育的成败。育人为本，德育为先。同理，德育工作队伍也对高校德育工作有着至关重要的影响。德育工作队伍是高校育人体系中非常重要的一部分，它是实施德育方针、开展德育工作、培养社会主义建设的接班人的重要力量，是统筹高等学校改革、发展和稳定的必然要求，是加强和改进师范生思想政治教育的组织保证。高校德育队伍主要由学校党政干部和共青团干部、思想政治理论课和哲学社会科学课教师、辅导员和班主任这几大主体构成，不同主体在德育的分工和担负的职责有所不同。学校党政干部和共青团干部主要负责学生思想政治教育的组织、协调、实施；思想政治理论课和哲学社会科学课教师根据学科和课程的内容和特点，负责对师范生进行思想理论教育、思想品德教育和人文素质教育；辅导员和班主任是

师范生思想政治教育的骨干力量，辅导员按照党委的部署有针对性地开展思想政治教育，班主任则承担指导和帮助学生的思想、学习和生活等方面的职责。"三全育人"模式要顺利开展并且取得实效，必须贯彻党中央文件精神和结合高校实际工作需要，构建一支思想过硬、水平过人的思想政治工作队伍。

1. 党委统一领导

《中国共产党普通高等学校基层组织工作条例》明确规定"高校实行党委领导下的校长负责制"，从领导体制上确定了党委在学校中处于领导核心地位，对学校工作实行统一领导。党委是卓越师范生培养工作的领导核心，主要是对卓越师范生培养大政方针的领导，负责研究卓越师范生培养工作的重大问题，制定卓越师范生培养规划及政策，组织、协调其他部门开展师范生培养工作。"三全育人"模式中的全员育人，不是主次不分，全体人员都平分卓越师范生培养任务的育人，而是育人队伍内部有一个体系和不同的分工，在以党委为龙头下的全体教职员工协力合作的一种育人体系。通过党委的统一领导，上下联动，其他各部门各司其职，协力合作，从而形成全员育人格局。因此，能否形成全员育人格局，全体教职员工能否围绕统一的目标通力协作，一定程度上取决于党委是否发挥了它的领导核心作用，是否有力地把各部门的工作人员紧密地团结在党组织的周围。因此，必须加强党组织自身的建设，发挥党的领导作用，才能保证卓越师范生培养工作的稳定、有序进行，才能形成凝聚人心的合力，才能保证卓越师范生培养工作取得实效。

2. 学工部、团委组织协调

学工部，顾名思义，就是做学生工作的部门，具体而言是指在党委领导下，主要负责学生思想政治教育、行为规范管理、学生事务服务、公寓管理等工作的部门。可见，学工部的职责主要包括两方面：一是按照党委的相关部署和要求，协同相关部门开展卓越师范生思想政治教育工作；二是做好师范生日常生活的管理、服务工作。

"三全育人"模式下的卓越师范生培养工作，要求学工部根据新形势的要求，有针对性地开展师范生思想政治教育，同时要注意与解决师范生的实际问题结合起来。团委也是在党委的统一领导下开展工作，发展团组织，组织、协调和实施对师范生的思想政治教育。具体而言，学工部和团委主要应做到以下两点。

第一，学工部、团委应认清形势，提高认识，加强自身建设。一直以来，学工部和团委在学校的教学、管理和科研服务等方面发挥着重要的作用，而随着经济全球化的发展、科技的日新月异以及高校扩招，卓越师范生培养工作面临的国际、国内环境有了很大的变化，师范生的思想状况也有了新的特点，育人观念有待更新，育人环境有待优化。先进的理念是先进工作的先导。因此，学工部和团委等组织只有根据新的历史时期卓越师范生发展的要求，树立新的理念，才能卓有成效地开展师范生培养工作。"三全育人"模式是适合新的历史时期的培养模式，学工部和团委应树立"全员育人"意识和"以学生为本"的观念，加强先进理论学习，加强自身素质提升。

第二，学工部和团委应明确任务，扎实工作，为育人服务。学工部和团委虽然都是按照党委的部署，对思想政治教育起协调和组织作用，但是其各自的分工还是有所不同的。学工部主要立足于师范生实际，做师范生的管理、服务工作，而团委还有发展团组织、建设团组织的职能。学工部和团委应明确各自的分工，都围绕育人这个核心，各司其职，协力合作，明确师范生培养目标和任务，扎实工作，根据党委对师范生培养的统一部署以及师范生的思想实际，通过举办研讨会、报告会等开展学习讨论，协助其他部门一起开展志愿者活动、社会考察等社会实践活动，为师范生全面发展提供服务。

3. 强化班主任、辅导员的骨干作用

班主任和辅导员是卓越师范生培养工作的重要力量。《中共中央 国务院关于进一步加强和改进大学生思想政治教育的意见》对辅导员和班主任的角色进行了明确定位。虽然班主任和辅导员都是卓越师范生培养工作的骨干力量，但是二者的职责既有交叉的地方，也存在差异。思想政治教育是辅导员的核心任务，而班级管理是班主任的核心任务。因此，班主任和辅导员必须抓好自己的核心任务，同时协力合作，共同育人。

4. 发挥两课教师的主导作用

思想政治理论课和哲学社会科学课教师是对师范生进行思想政治理论教育最主要、最直接的实施者，师范生的价值准则、行为规范等主要来自两课教师的教学传授，两课教师的教学任务主要是对师范生进行思想理论教育、思想品德教育和人文素质教育。因此，师范生培养的成效很大程度上取决于两课教师的思想政治教学，两课教师在卓越师范生培养中起着主导作用。当前高校两课教师实际教学还存在一些不足，如有部分两课教师的教学理念落后，教学手段单一，教学方法陈旧，或者理论修养不够深厚，理论教学未能与学生实际相联系，导致两课教学未能取得理想效果，让学生感到思想理论太过高深或者枯燥无味，学习积极性不高。因此，作为担负高校思想政治教育主渠道任务的两课教师，只有在提高自己的理论素养、塑造自己的人格魅力等方面努力，才能使师范生培养工作取得良好的效果。

5. 发挥行政管理人员的管理育人作用

管理作为一种重要载体，日益受到人们的重视。卓越师范生的管理人员主体

是行政人员，行政人员的自身素质、管理理念、管理能力等对管理育人职能的发挥起着关键作用。过去，人们在观念上和实践中存在一个误区，认为思想政治教育只是两课教师的职责，管理与育人一直处于分离的状态，同时也存在缺乏对管理干部的培养，管理过程存在行政干预手段过多，而人性关怀较少、管理制度不完善等问题。因而，现在行政管理人员要使管理育人取得实效，必须通过一系列措施克服上述存在的不足。

行政管理人员首先应转变管理理念，增强育人意识。行政管理人员要树立以学生为本的理念，围绕育人这个核心，淡化权力意识，去掉行政官僚化习气，尊重和理解师范生，充满人性关怀，一切管理工作都必须以培养师范生成才和全面发展为出发点，将管理与育人紧密结合。只强调管理的约束性、强制性，而忽视管理的思想性、教育性、引导性，虽有可能"制服"师范生，但不可能使师范生心服、口服。孔子说："其身正，不令而行；其身不正，虽令不从。"管理者的工作态度、工作作风、言行举止等对师范生会产生很大的影响。管理者还需提高自身的道德修养和综合素质，努力学习现代管理知识，增强全员育人意识，成为师范生的榜样，让师范生真正从心底产生认同。

6. 发挥后勤人员的服务育人作用

培养全面发展的师范生是师范院校一直致力追求的目标，教学是培养人才主要的途径，而后勤服务工作同样具有育人的功能。服务育人从广义上讲渗透于学校的教学、科研、管理、后勤保障等各个方面，从狭义上而言主要指将育人渗透于后勤服务工作中。高校的后勤服务，归根到底是为培养人而服务。后勤服务是师范院校工作中很重要的一部分，而我国以往的卓越师范生培养工作只重视后勤的服务责任，忽视了育人职责，没有很好地利用好后勤这部分德育资源，因此应将其育人的功能发挥出来，形成全员育人的格局，增强育人的合力。

首先，后勤人员要强化育人意识，坚持育人为本。高校后勤服务与一般的服务工作最大的区别在于其紧紧围绕育人这个核心开展，后勤工作人员开展服务工作时应以培养人作为出发点，而不仅仅是服务工作了事。其次，后勤人员要加强道德修养，因为后勤工作人员服务态度的好坏、服务水平的高低、服务质量的优劣，都会对与之长期接触的师范生的思想产生耳濡目染的影响。后勤人员要善于学习，不断提高自身思想文化素质，同时要热爱自己的本职工作，以满腔的热情和优质的服务去感染师范生，激励师范生，为师范生的成长创造良好的条件，营造良好、温馨的氛围，从而发挥育人的功能。

（二）构建卓越师范生严密科学的信息管理机制

物质、能量和信息是现代社会文明的三大支柱。物质为人类提供材料，能量为人类提供动力，而信息为人类提供知识和智慧。科学技术的日新月异使得信息的交流更加便捷，信息的重要性也日益凸现。控制论的奠基人诺伯特·维纳（Norbert Wiener）在其《人有人的用处：控制论与社会》一书中指出："信息这个名称的内容就是我们对外界进行调节并使我们的调节为外界所了解时而与外界交换来的东西。接受信息和使用信息的过程就是我们对外界环境中的种种偶然性进行调节并在该环境中有效地生活着的过程。"维纳在这里把信息与人的认识、人的生存的基本需要以及反馈联系起来了。信息的重要性可见一斑。一定程度上可以说，谁掌握了信息，谁就掌握了主动权。可以把信息看作是物质的一种普遍的基本属性，是关于系统的组织性和复杂性的规定性及其表征。信息对于系统是不可缺少的，整个系统正是通过信息的联系和作用才形成了整体的秩序。无论是系统的内部联系还是外部联系，都是通过信息的交流而实现的。信息是进行控制的基础，卓越师范生"三全育人"模式所面对的是德育这个大系统，信息管理机制是实现育人系统内外信息传递、交流的桥梁，是育人系统得以被控制成有序系统必不可少的手段，因此须构建一个严密的、科学的信息管理机制，才能保证育人系统的有序、和谐、统一。

1. 全面搜集与监测信息

信息搜集与监测是信息管理机制有序运行的基础和前提。信息搜集的是否全面、完整、真实可靠直接关系到信息分析与诊断的准确性，进而影响卓越师范生育人系统中相关工作人员对方向的把握和判断，影响其决策的正确性以及对所出现问题的有效解决。因此，信息搜集必须全面、完整、真实可靠才有意义和价值。

2. 注重分析与诊断信息

信息分析与诊断是信息管理机制顺利、有效运行的关键。由于所搜集的原始信息掺杂着有效信息和无效信息、真实信息和虚假信息、浅表信息和深层信息等各种信息形态，尤其是互联网的海量信息更存在鱼龙混杂的问题，因此需要信息管理部门的工作人员利用自己的知识储备学会对所搜集的信息辨别其真伪，进行筛选处理，过滤掉不必要的虚假信息，保留真实有效的信息，然后通过分析与诊断，找出存在的问题与不足。在信息分析与诊断这个重要环节，工作人员需注意如下问题。

第一，必须秉承实事求是的态度。工作人员在对搜集到的广泛信息进行分析与诊断时，必须坚持实事求是的态度，一切从实际出发，就事论事；抛开个人的主观喜好和偏见以及主观猜想，客观、公正地对所搜集的信息进行分析、诊断；冷静地发现问题，找到症结所在，确保能透过事物的现象看到事物的本质，从而为做出科学的决策奠定基础。

第二，全面分析、把握重点、科学预测，防患于未然。由于所搜集的信息来源广、信息量大，具有动态性等特点，因此在对信息进行分析与诊断时，必须遵循将定性研究与定量研究相结合、短期评估与长期评估相结合的原则，将所搜集的信息进行分类，抓住主要矛盾，从不同角度看事物，兼顾次要矛盾，全面诊断，这样才能将收集到的信息分析准确到位。除了对搜集的信息进行全面分析，抓住重点之外，还应当用联系和发展的观点对其进行科学预测，预测教育教学过程中可能出现的矛盾或某种方案可能导致的不良后果，以便采取有针对性的措施，防患于未然，尽可能地减少突发事件的发生概率，动态地把握师范生思想上的热点和困惑点，提高师范院校德育工作效果。

3. 及时反馈与调节信息

控制离不开信息，离不开信息反馈。我们的世界处于相互联系之中，相互联系是有具体内容的，信息就是这种相互联系的重要内容，而信息的相互作用，本身就意味着信息的反馈。卓越师范生"三全育人"系统更离不开信息反馈。信息反馈是育人系统稳定性因素，它能保证育人系统稳定性和发展性的统一。信息反馈与调节是信息管理机制正常、有效运行的目的，也是信息管理工作的重点。例如，检测教师的教学效果，需要通过对师范生的考察或考试以及师范生的民意测验等信息反馈进行评判，以找出不足，改进教学；后勤的服务工作也需要师范生的反馈信息，师范生通过意见箱或者网络公共数据库平台，发表对食堂、公寓等卫生与管理的意见，从而促使后勤等服务部门根据反馈信息，及时地调整措施、改善服务等。因此，将搜集到的信息进行分析与诊断之后，如果缺少反馈这一环节，那么卓越师范生育人系统内部的信息流通渠道就变成单向的、单一的，育人系统上下环节处于脱节状态，育人系统内部就会失去平衡和稳定性。因此，信息反馈是信息诊断后必不可少的环节。

（三）完善卓越师范生"三全育人"制度机制

制度，或称为建制，是社会科学里面的概念。从社会科学的角度来理解，制度泛指以规则或运作模式规范个体行动的一种社会结构。这些规则蕴含着社会的价值，其运行表彰着一个社会的秩序。制度的概念被广泛应用到社会学、政治学及经济学的范畴之中。没有规矩，不成方圆，这是指人的行为需要规则的约束。对于一个系统而言，制度不仅起着约束的作用，更是巩固系统的保证。它是所有系统运行的保障和后备军，卓越师范生育人系统也不例外。一种新的育人理论要对实践产生比较大的影响力，往往要借助于制度才能实现。没有制度体系保障的育人思想，是不会转变为实际教育行动的。一个成熟的德育模式除了有远见卓识的领导班子和一支水平过硬的师资队伍群体，先进的理念和一整套完整、严密的有针对性的实施措施之外，还必须有一套使育人体系得以有序、有效运行的严密制度。卓越师范生"三全育人"模式的正常运作也需要一套完整、严密的制度来加以巩固和保证。

1. 建立整合制度

整合就是把一些零散的东西通过某种方式而彼此衔接，从而实现信息系统的资源共享和协同工作，其主要的精髓在于将零散的要素组合在一起，并最终形成有价值、有效率的一个整体。整合理念广泛用于经济领域、政治领域以及教育领域等。资源的有限性、稀缺性及潜在性，不仅需要开发利用新的潜在资源，还需要将现有的资源整合起来，合理利用以使其实现最大的价值。在卓越师范生育人系统内，育人资源非常丰富，为了使育人工作取得实效性，也需要合理利用现有的育人资源，挖掘潜在的资源，将育人资源整合起来以实现功能最大化。卓越师范生"三全育人"模式最大的特色就是调动所有人力资源参与育人工作，形成全员育人、全过程育人、全方位育人的格局。因此，建立整合制度既是德育工作的现实需要，也是卓越师范生"三全育人"模式的内在要求。

2. 建立监控制度

所谓监控，是指对装备及系统的工作状态不间断地实时监测，并根据反馈信息自动对系统中的异常部位实施相应措施的闭合自动控制。它原本是航空科技和机械工程领域中的专有名词，但是它的原理同样适用于卓越师范生育人系统。当今世界是一个开放的世界，科技的发展以及通信工具的发明使得人们之间的信息交流打破了过去的疆界壁垒和时空限制。开放的环境使得身处其中的育人系统也不再是过去那种封闭、单一的系统，师范生极易受到开放环境中的各种信息及思想的影响，因此卓越师范生"三全育人"模式的运行机制的正常运转，也需要一个对育人系统实时监控的制度，以便根据监测的信息及反馈信息，对系统中的突发事件以及异常问题及时进行处理，对育人系统进行适时的调节与控制，以维持卓越师范生育人模式的正常运作，保持育人系统的和谐、有序、统一。

3. 建立考评制度

《中国普通高等学校德育大纲》指出："德育考评是高校德育工作的重要环节，是实现高校德育目标的必要保证。"通过德育考评，可以全面地了解学生的思想政治品德表现及其发展水平；可以实现德育信息的反馈，及时发现问题，适时解决问题，有利于加强和改进德育工作；可以促进学生的全面发展以及教师的德育教学的完善；可以检验德育成效等。因此，建立科学的德育考评制度是卓越师范生"三全育人"模式具体落实的必然要求和保证。

4. 建立激励制度

激励即激发和鼓励。激励机制是指能够有效分析、刺激、引导人的动机、需要、愿望等，以使之朝着特定的目标和方向前进的一切方法、手段和模式等所组成的有机系统。激励原本是企业管理的一个名词，它可以调动和激发人的积极性和创造性，挖掘人的潜能，从而更高效地完成预期任务。美国哈佛大学教授威廉·詹姆斯通过研究发现，如果缺乏激励，工作人员的潜力只能发挥20%～30%，而同样的人在激励的环境中潜力可以发挥80%～90%的水平。同理，在卓越师范生育人中建立激励机制也具有非比寻常的意义。通过建立激励制度，可以调动全体教职员工从事育人工作的积极性，从而增强员工之间的凝聚力，增强育人合力。可以根据师范生的需要对其进行适时引导，从而更好地实现卓越师范生育人目标。因而，建立德育激励制度是实现卓越师范生"三全育人"模式目标非常迫切的需求。

（四）优化卓越师范生环境机制

环境主要指能影响人的一切外部条件的总和。人总是在一定的环境中生活，任何人都不能脱离环境而单独存在。人们在改造环境的同时，也在受环境的影响，人与环境相互联系、相互作用、相互依存。因此，创造一个良好、和谐的环境有利于人的生活与发展。育人环境指影响人的思想政治道德素质形成，发展和影响人的育人活动的一切外部因素的总和。高校育人环境的优劣，直接影响师范生道德品质与道德情感的形成与发展，一定程度上决定着卓越师范生育人目标的实现。因此，构建一个和谐、良好的育人环境，有利于卓越师范生培养工作更顺利地开展，有利于师范生思想品德的发展。因此有必要根据新的变化，优化育人环境，促进德育工作取得实效，促进师范生的成才和全面发展。"三全育人"模式是一个动态的、开放的、发展的育人模式，要充分挖掘育人资源，增强育人合力，必然不能忽视环境的优化。

1. 完善校园物质环境建设

校园环境是进行师范生思想政治教育的重要载体，是一项重要的育人资源，对卓越师范生育人工作起着不可忽视的影响。校园物质环境是高校育人环境的重要组成部分，主要表现为校园布局、校园基础设施等，是教职员工从事育人工作的重要场地和媒介手段，是师范生进行学习、生活的主要场所，因而校园物质环境对卓越师范生育人工作的开展以及卓越师范生的成才起着直接的、必不可少的作用。

2. 抓好校园文化建设

校园文化也是卓越师范生德育一个非常重要的途径和载体。《中共中央　国务院关于进一步加强和改进大学生思想政治教育的意见》明确指出："校园文化具有重要的育人功能，要建设体现社会主义特点、时代特征和学校特色的校园文化。"这充分肯定了校园文化对于育人的意义。校园文化是学校精神风貌的重要体现，是全面提升学校组织、制度、形象、精神建设的助推器，是使学校充满凝聚力、生命力、创新力的内燃机。良好的校园文化有利于彰显高校的教育理念和特色，有利于加强对师范生的社会主义精神文明建设，有利于鼓舞和激励师范生奋发向上，锐意进取，形成积极向上、朝气蓬勃的良好氛围，促进师范生全面发展。因此，校园文化建设是"三全育人"模式充分利用高校显性与隐性育人资源拓宽育人渠道、形成育人合力的必不可少的环节。

3. 占领网络育人新阵地

网络的信息量大，信息更新速度快，集知识与娱乐于一体。这对求知欲强烈、思维活跃、对新事物敏感的师范生有着巨大的吸引力，并且师范生也是使用网络的主体之一，因而高校应利用网络这个自由开放的空间进行育人，拓宽育人的渠道，挖掘网络这块宝地上的隐性育人资源，形成一股育人合力，全方位育人，培养卓越师范生优良的道德品质，促进卓越师范生的全面发展，增强育人的实效性。

校园网是高校进行网络育人的主要阵地。健康清新的校园网络文化对培养师范生的思维方式、创新能力以及道德品质有着不可忽视的推动作用。因而，加强校园网的建设是网络时代下开展卓越师范生培养工作的必然需求。

（五）强化卓越师范生课堂教学机制

课堂教学是高校育人的主要渠道。高校育人要想拥有强大的发展动力，仅仅依靠传统的课堂教学的单一渠道是不够的，必须将高校育人工作置于开放的社会背景下，努力构建时空相连、立体交叉的"三全育人"模式，整合育人资源，拓宽育人渠道，改善育人手段，凝聚成强大的育人合力，这样才能推动卓越师范生育人工作蓬勃创新发展。

1. 抓好课堂教学，发挥第一课堂的主阵地作用

课堂教学一直是对师范生进行培养的主要渠道。课堂教学是受教育者获得教育者所传授的理论、价值准则以及行为规范最主要的途径。《中共中央 国务院关于进一步加强和改进大学生思想政治教育的意见》明确提出"充分发挥课堂教学在大学生思想政治教育中的主导作用"。卓越师范生培养工作者要实现育人的目标，使育人取得实效，必须充分利用好课堂教学这个环节，发挥第一课堂在育人中的主阵地作用。

2. 开展课外活动，开辟第二课堂的重要基地

"纸上得来终觉浅，绝知此事要躬行。"这说明单纯的书本知识需要与人的活动和实践相结合，才能获得更深刻的认识。活动是人类的根本动力与方式。道德是在活动中产生的，只有富有意义的、自然的、新颖的教育活动，才能实现人的自主发展。人的活动是社会及其全部价值存在与发展的本源，是人的生命以及作为个性的发展与形成的源泉。道德是人在后天社会化过程中，在日积月累中逐渐生成、建构起来的，是一系列体验和情感积累成为丰厚底蕴的结晶。育人

通过课堂教学这个主阵地向学生传授道德准则、价值观念等，学生还必须通过实践活动将这些道德知识内化于心，外化为行，才能更深刻地理解所学的道德准则，并表现在行动中。如果仅靠单一的课堂教学这一渠道，不加强理论与实践的结合，高校育人的生命力会日益萎缩。理论与实践相结合是"三全育人"模式的基本特性之一，它强调拓宽育人渠道，才能形成育人合力。因此要做好师范生课外活动的开展工作，开辟第二课堂这个重要基地，引导师范生在活动中体验，在体验中感悟，在感悟中发展，全方位地育人，提高师范生的综合素质。

3. 家庭、学校、社会教育一体化，拓展第三课堂的延伸空间

学生全面的发展是在学校、家庭和社会共同影响和作用下形成的。偏执于一隅，无法真正促进学生健康向上发展。师范生思想道德品质发展的实质，主要是道德判断能力和道德行为习惯的培养两方面。学校在道德判断能力和道德行为习惯培养以及道德价值规范体系的传授中发挥着最主要的作用，但是更多的道德行为习惯是受到家庭和社会环境共同影响的结果。"三全育人"模式是一个系统、完整、开放的模式，它倡导整合一切育人资源，调动所有的育人力量并形成合力参与育人系统这项浩大的工程建设。因此，将学校、家庭、社会相互整合，延伸这个第三课堂的空间，构建开放、系统、严密的"三全育人"模式是促进师范生全面发展、增强育人实效性的客观要求。

（六）建立卓越师范生自我教育、自我管理、自我服务机制

著名教育家苏霍姆林斯基曾经指出："我深信，只有能够激发学生去进行自我教育的教育，才是真正的教育。"我国著名教育家叶圣陶也把培养学生的自我教育能力作为最终的教育目的。《中共中央 国务院关于进一步加强和改进大学生思想政治教育的意见》明确指出："坚持教育与自我教育相结合。既要充分发挥学校教师、党团组织的教育引导作用，又要充分调动大学生的积极性和主动性，引导他们自我教育、自我管理、自我服务。"不断与时俱进的"三全育人"模式理念也包含自我教育、自我管理、自我服务的内容。一方面，"三全育人"模式的最终目标是促进师范生的全面发展，自我教育、自我管理、自我服务是师范生的能力和综合素质的体现；另一方面，自我教育、自我管理、自我服务也是对"全员育人"理念的深化与拓展，是"三全育人"模式拓展育人渠道、增强育人合力的有效途径。因此，无论是育人目标还是育人手段，"三全育人"模式的有效实施都需要构建师范生自我教育、自我管理、自我服务机制。

1. 抓好班集体建设

班集体是学生学习、生活的单位，是培养学生成长成才的有效载体。优秀的班集体有凝聚人心，督促、鼓舞和激励学生不断成长、进步的作用。卓越师范生

培养工作应充分利用班集体建设，培养学生的自我教育、自我管理、自我服务的意识和能力。

2. 发挥学生社团的自主作用

高校学生社团是师范生参与校园文化活动，全面发展自己的重要平台。学生通过参与学生社团举办的活动，不但可以发展自己的兴趣爱好，还可以增强同学之间的交流和合作，锻炼自己的组织管理、人际交往能力等，提高综合素质。因此，应拓展学生社团育人渠道，利用学生社团平台开展卓越师范生培养工作。

3. 发挥学生会、研究生会的桥梁作用

学生会和研究生会是高校学生的群众性组织，是学生进行自我教育、自我管理和自我服务的重要载体，是高校与学生之间联系的桥梁和纽带。学生会和研究生会在卓越师范生培养工作中有着其他部门不可替代的作用，是加强和改进高校育人的重要依靠力量。因此，"三全育人"模式应重视发挥学生会、研究生会的育人力量，增强育人合力。

4. 发挥"学长制"的引导作用

"学长制"是高校学生教育和管理的一种新兴的辅助机制，已经被一些学校采纳并试用，取得了一定的成效，是新时期高校拓展育人途径的有益尝试。它是对导师制和辅导员工作的补充，指的是在高年级学生中挑选政治觉悟高、成绩优秀、有一定工作经验的学生，经过培训，对新生开展帮扶、指导、教育，引导和帮助新生尽快地度过入学适应期的一种管理模式。通过学长将自己积累的学习、生活和工作经验传授给学弟学妹，有利于帮助他们顺利度过入学的适应期，找到新的方向，树立新的目标。又由于学长与新生年龄相仿，新生更容易和学长进行推心置腹的情感交流，辅导员和班主任可以从学长那里了解学生的真实思想动态，从而有针对性地开展育人工作，增强育人工作的实效性。由上可见，"学长制"不仅丰富了"三全育人"理念的内容，拓展了"全员育人"的内涵，而且能推进卓越师范生培养工作的顺利开展，促进"三全育人"模式育人目标的实现。

5. 调动学生主动性，激发学生自我教育、自我管理、自我服务

可以留出部分管理工作岗位，让师范生参与自我教育、自我管理、自我服务。这样既可以活跃师范生的思维，又可以锻炼他们的自主性，有利于锻炼师范生协调人际关系、分析问题、解决问题的能力，增长师范生的才干，还能减轻相关教师的压力，让教师有更多的时间和精力投入教学和科研之中，产出更多、更优秀的教学和科研成果。

第七章 卓越师范生成长的影响因素及培养优化路径

第一节 卓越师范生成长的影响因素

一、卓越师范生成长的内部影响因素

个人的学养和人格特质是影响卓越师范生成长的主要内因，而且也是个人未来专业发展的基石。在卓越师范生成长的过程中，个人的学识和人格特质的养成及提升的主场所在课堂，因此，下面以对课程内容设置的分析为切入点探讨影响卓越师范生成长的内在因素。

（一）知识素养

教师的重要职责之一是在学生认知、阐释客观世界和自身生命价值意义方面提供指导，多方面知识的整合可以帮助教师在教学过程中做出更加智慧、灵活的个性化决定，因此，全面且深厚的知识素养是促进卓越师范生成长的关键因素。叶澜等学者认为：首先，掌握一定程度的普通文化知识不仅是一名专业教师开展常规教学活动的必要条件，也是教师个体进行自我学习与发展的根基；其次，教师的知识素养应是包括教学法在内的学科专门知识和技能；最后，教师还应具备包括认识教育对象、教学活动及开展教育研究在内的教育理论知识。结合卓越师范生培养的标准体系，影响卓越师范生成长的知识素养应包括文化基础知识、专业知识、教育实践知识、教育教学能力及与时俱进的新知识五个方面。

1. 文化基础知识

文化基础知识是指了解和掌握的文化方面的基本知识，涵盖历史、文学、艺术、哲学等多个领域。在当今社会，了解文化基础知识已经成为提升个人修养和文化修养的重要途径。文化基础知识即通识性知识，这种知识可能与教师的专业性关系不大，但却是教师与好奇心强、随时会提出各种问题的学生相处时所必须通晓的知识。然而，在现实生活中，除了时间和精力的限制外，很多师范生仍坚持认为与考试和专业有关的知识才是重点，应花大量的时间学习，而将涉猎重点之外的知识认为是不务正业的行为。

对于卓越师范生的成长而言，学科专业知识固然重要，但如果缺失学科之外的世界，那么其视野必然会被局限，未来也很难站在更高的起点上从事教学工作。

但在当前的教学体系中，考试成绩仍是学校评价师范生的主要指标，而且紧凑的课业安排使得师范生可以自由支配的时间较少。

通识性知识的准确掌握和灵活应用，可以更好地帮助卓越师范生在未来的教学工作中激发学生的求知欲、胜任教师角色，并奠定其在未来教学实践活动中不断学习，促进自我完善和发展的基础。当前在卓越师范生培养的实践过程中，通识性知识教育的缺位窄化了未来卓越教师的文化视野，阻碍了其文化涵养和人文素养的形成。

2. 专业知识

这里的专业知识是教师胜任教学工作的基础性知识，特指学科专业知识和教育理论知识。

（1）学科专业知识

学科专业知识是教师的知识核心，包括其任教学科的专业理论知识和专业实践知识。基础教育课程改革要求未来卓越教师不仅要贯通本学科发展的历史和趋势，熟练运用学科专业知识分析和解决问题，而且要将学科知识与日常生活相联系，能够灵活且准确地掌握所任教学科中有益于学生终身发展的基础知识和基本技能，以应对学生的不同需求，激发其求知探索的欲望。可见学校非常重视师范生专业知识的学习，而且在专业课程划分方面也是非常细致的。

（2）教育理论知识

教育理论知识即师范生在未来从教时所必须掌握的教育理论和技能，主要包括有关教育学、心理学方面知识和教学法的知识等。宽厚、精深的教育理论知识可以帮助师范生在遵循教育规律的基础上针对中小学生发展的身心特征进行教学和教育研究工作。目前师范院校在卓越师范生培养的过程中，对教师素养的形成教育有所侧重，往往理论性传授较多，缺乏具有针对性的指导，较难为卓越师范生的成长提供有效帮助，难以满足基础教育新课程改革的要求。

3. 教育实践知识

教学是一种与特定情境密切相关的复杂活动，需要教师根据变化着的教学条件做出准确判断并适时地采取恰当的教学行动，因此，未来卓越教师必不可少的素养之一便是具有丰富的教育实践性知识和实践能力。教育实践性知识是师范生在理论学习与教学实践对接的过程中，在对教和学进行观察与分析的基础上，反思和重整自己的思维，从而积淀自己的教学智慧。教育实践性知识并非来自专门的教师教育过程，而是在师范生先前的受教育经历、家庭教养和社会文化等多因素的综合影响下，其脑海中已然对教师角色拥有具体而详尽的概念与认识，并在自己的意识中内隐了一种强烈的教学模式，以至于他们会拒绝与其所持有教师角色观念不一致的模式和内容。师范生自身对于掌握实践性知识的重视程度偏低。

造成这一现象的原因不外乎三点：一是平时的课业和事务性活动较多，师范生既要保证期末考试达标，又要服从学校的活动安排，没有多余的时间应对分散在学期中的实践机会，并认为这样的实践是在浪费时间；二是兴趣小组的实践与师范生所学专业不对口，能学到的东西很少，而且师范生也没有形成自觉进行教学反思的意识；三是学校在卓越师范生培养过程中虽然意识到为师范生提供教学实践的机会，但忽视了实践机会与师范生需求的契合度，而且对于培养和提高师范生教学反思的能力也没有给予足够的重视。

如果在卓越师范生教育的过程中仅侧重理论知识的学习和表层的实践，忽视师范生的先前知识、信念和生活的经历，尤其是忽视师范生在受教育过程中所积累的有关教师的负面经验，那么将很难转变存在于这些准教师们潜意识中错误的教学模式和不正确的教育信念，以至于其在未来面临教育教学活动的挫折时，容易质疑自身所受的教育，甚至否定自己，最后离开教师岗位，造成人才的流失。

4. 教育教学能力

教师的教育能力是其高效完成教育教学工作的保障。依据教师培养标准体系，卓越教师应具备有效教学的能力、课程开发、评价与反馈及自我发展等方面的能力。卓越师范生是为基础教育领域培养的精英人才，是未来走在时代最前沿的教师，因此，未来卓越教师不仅要以促进学生的全面发展为宗旨，实现自身各方面的卓越，而且还应具有教学组织与管理的能力，即以自身的专业学识、教育智慧等在教学与评估方面扮演领导者角色的同时，还要引领同伴进步。

5. 与时俱进的新知识

在信息社会高速发展的当下，信息来源渠道日益广泛，"要给学生一滴水，教师需要有一桶水"的理论已不再适应当前教育实践的要求。未来卓越教师应具备绵绵不绝的"长流水"，在教学实践中不断筛滤旧知，活化新知，丰富自己的学养，为学生的成长提供持续不断的营养，这也有助于教师胜任其教学工作。掌握与时俱进的新知识要做到以下两点：一是广泛开展国内外不同地区之间的访学交流，扩展师范生的知识面，弥补其知识空缺；二是利用网络、文献资料或者教师讲授了解相关学科的前沿知识。

目前对学科前沿知识教育的重视度不足，仅将其设置为专业方向课中的选修课。除部分学生可以主动利用网络和学术期刊等了解学科前沿知识外，大多数学生仅靠学科专业教师在课堂上的讲授来知晓学科发展现状，这样的方式会受制于两个因素：一是是否所有专业教师都会在课堂上涉及学科的前沿知识，即便涉及，其涉及程度的深浅也会影响学生对学科前沿知识的掌握；二是学生是否会主动通过多种途径了解学科前沿知识。

（二）人格特质

库姆斯（Combs）在《教师的专业教育》中提出："一位优秀教师应是一位具有独特的人格，并懂得将'自我'作为有效工具进行教学的人。"教育实践表明，不仅教师的人格会在潜移默化中影响学生的人格，而且学生也会在耳濡目染中习得教师的人格。因此，未来卓越教师不仅应具备独特的人格，而且还应善于用自己的人格影响学生。

未来卓越教师应具备的人格特质为：热爱生活、乐教善教；自信、上进；性格开朗、举止端庄；情绪稳定；善良、待人祥和、宽容；关爱学生；良好的人际沟通；正直且富有爱心；有幽默感；兴趣广泛；吃苦耐劳；甘于平凡。教育教学的过程实质上是以培养全面发展的人为主旨，在师生的交流互动中，以人格影响人格，以心灵耕耘心灵的过程，因而良好的人格特质是卓越师范生胜任未来教育教学工作的内在基础。但近年来，对教师极端行为、体罚学生等负面报道层出不穷，这既是对着手提高当前教师职业素养的警醒，同时也是对教师应具备什么样的人格特质的叩问。

（三）教育信念

俄国教育思想家乌申斯基曾提出："不管涉及教学和教育的指示如何详尽，都永远无法弥补教师信念的不足。……教师教育的最主要途径就是培养并厚植教师的教育信念。……不经教师个人信念加温的教育指示是苍白无力的。"这也告诫人们，无论教师教育试图培养什么样的教师，都需要重视教师教育信念的培育。教师的教育信念即教师自己认同并信奉的有关人、自然、社会和教育等方面的思想、观点与假设，并在其职业品质中居于核心地位，是其教育思想和行为的内在导向。当前的卓越师范生教育虽然重视理论与实践的结合，但对培养教师教育信念的重视度不高，且缺乏行之有效的培养方式，而教育信念培养的缺乏将有碍于教师的专业发展。究其原因，除了长期重复性的教学工作容易导致个体的职业倦怠之外，在多元发展和经济压力剧增的现代社会，教师工作量大且待遇不高也是导致师范生对终身从教信念不够坚定的重要原因之一。

二、卓越师范生成长的外部影响因素

如果说事物变化发展的根源是内因，那么外因则是事物变化发展的条件，起到加速或延缓的作用。卓越师范生作为一个独特的社会群体，其成长同样受到许多外部因素的影响，下面主要从教育政策、培养模式和学校因素三个方面进行剖析。

（一）教育政策

教育政策是为了调整教育领域的社会问题和利益关系，由国家和政府制定的以完成一定历史时期的教育任务为目的的行动准则。一国的教育政策不仅是影响教师成长的宏观环境因素，而且是教师教育活动的重要保障。在我国，对卓越师范生培养的探索最初始于《国家中长期教育改革和发展规划纲要（2010—2020 年）》中所提出的"造就一支师德高尚、业务精湛、结构合理、充满活力的高素质专业化教师队伍"。随着试点经验的积累，《教育部关于实施卓越教师培养计划 2.0 的意见》正式出台，为卓越师范生的培养实践指明了发展方向。另外，国家有关各级各类教师专业标准的出台和教师资格考试制度的推行，对师范生在成长过程中的师德、学识等方面进行了规定和引导。同时，卓越师范生的发展成长有赖于教育政策为其营造的社会氛围，尊师重教的社会风尚及教师社会经济地位的提高，可以坚定卓越师范生不断追求自我成长、致力于献身教育事业的决心。

（二）培养模式

卓越师范生的健康成长除需要个人的主观努力和教育政策的调控、优化外，还需要采取有效的教育措施予以保障。卓越师范生的培养是未来卓越教师的准备教育，因此，如何针对卓越师范生发展的不同阶段和需求构建教师教育模式成为保证卓越师范生健康成长的关键。从教师教育探索的国际视野来看，大学本位教师教育模式、教师专业发展学校和以中小学为本的教师培训等均在职前教师的成长历程中发挥了积极作用。自卓越师范生培养政策颁布实施以来，国内各师范院校均在积极探索卓越师范生教育的新模式，如合肥师范学院将理论教学嵌入学科专业教学，将实践环节叠加到理论教学过程中的"叠加嵌入"模式、东北师范大学 U-G-S 协同培养模式等。但一种行之有效的培养模式需要培养目标和课程设置等要素的有机结合。

1. 培养目标

卓越师范生的就业指向是中小学一线教师岗位，从师德素养、专业知识、教学能力和未来发展潜质四个大的方面为卓越师范生培养做出了目标引领。但在培养的实践过程中，对于如何评价卓越师范生的培养是否达到这些目标并没有形成一个完善的标准体系，缺少对卓越师范生成长的评价—反馈—再引导的标尺。

2. 课程设置

科学、合理的课程设置可以助推卓越师范生的健康成长。例如，中学《教师教育课程标准（试行）》从教育信念与责任、教育知识与能力和教育实践与体验三大领域阐释了对中学职前教师教育课程目标的基本要求。同时，对中学职前教师教育的课程设置也从学习领域、建议模块和学分要求三个方面确立了课程框架并给出了相应的建议，主要包括：儿童发展与学习领域，建议模块有儿童发展、中学生认知与学习等；中学教育基础领域，建议模块有教育哲学、课程设计与评价、有效教学、学校教育发展、班级管理等；中学学科教育与活动指导领域，建议模块有中学学科课程标准与教材研究、中学学科教学设计和中学综合实践活动等；心理健康与道德教育领域，建议模块有中学生心理辅导和中学生品德发展与道德教育等；职业道德与专业发展领域，建议模块有教师职业道德、教师专业发展、教育研究方法、教师语言、现代教育技术应用等；教育实践领域，建议模块有教育见习、教育实习。但目前多所高等师范院校在探索卓越师范生培养改革的过程中，侧重于教师教学实践能力和教学技能的提高，其关注点多放在拓展实践平台、增加实践机会方面，在课程设置方面基本沿用普通师范生的课程体系，以包括马克思主义理论课、思想政治教育课等在内的公共基础课，以及学科专业课和包括教育学、心理学、教材教法等在内的教育类课程为主，鲜有针对卓越师范生培养而单独设置的特色课程体系。

（三）学校因素

学校因素主要指学校内部所存在的影响卓越师范生成长的因素，主要包括卓越师范生培养项目改革的主要承办方——高等师范院校和用于卓越师范生实践的一线中小学。

1. 高等师范院校

多数高等师范院校将该项目放在由教务处统一管理和协调下的各专业学院或拥有教师教育专业的教育学院执行。教师教育学院最初成立的目的是更好地统合校内外优秀教师教育资源，推动教师教育教学和科学研究的共同发展，并充分利用这一优势打造卓越师范生培养的新平台。但由于所有教师教育类课程仍由教务处统一协调和开展，教师教育学院并没有实质上的行政管理职能，各种培训、教育实践等活动的开展均需要与行政部门和师范生所属各学院进行协调沟通，复杂的关系网和烦琐的协调环节在很大程度上阻碍了卓越师范生培养的顺畅进行。

在卓越师范生培养中，对师范生的师德养成教育重视不够。师范生师德养成教育是以师范生为主体进行的一种职业道德教育，即遵循师德认知、情感、意志、行为相统一的规律，运用各种显性和隐性的教育手段，通过"认知—体验—内化—践行"等环节，使师范生提升师德意识、激发师德情感、锻造师德意志、养成师德行为的教育过程。当前，应通过强化培根铸魂的思想政治工作引领、构建重在养成的师范生师德教育体系、打造成己成人的师德养成教育师资队伍、创设润物无声的育人环境，探索师范生师德养成教育的实践路径，唤醒师范生的主体自觉，激发师德养成教育的内生动力。

在班级建设方面，连续的班级活动和班级成员的有效互动更容易在班级内部形成蕴含一定价值取向、道德风尚和思想信念等在内的良好氛围，进而促使师范生形成心理和情感上的凝聚力，这有助于师范生个体的进步和发展。

2. 一线中小学

选择契合卓越师范生发展成长所需的一线中小学开展教育实践活动，是卓越师范生了解社会脉搏、觉察教育教学环境、提升未来教师胜任力的重要平台。师范生都是带着自己对教师角色和教学的前概念参加教师教育学习的，除了教师教育者针对师范生已有的消极经验进行针对性的课堂教学辅导之外，更有效的方法是让师范生置身于真实的教学情境，通过教学体验和教学反思转变其在受教育经历中积累的负向观念。实习期间，实习学校创设条件满足师范生的实践需求，如观摩课堂、编写教案等。指导教师发挥"传、帮、带"的作用，全程对师范生认真进行指导，并积极分享相关经验和方法，让师范生学会解决教育教学过程中的实际问题。师范生在实习学校教师指导下，将大学课堂上学习的抽象概念具象化，切实提高师范生的从教技能和班级管理能力，为今后的学习和工作积累宝贵的经验。

实习学校是否将师范生看成本校的一分子，给予师范生通过授课体验真实课堂运行现状的机会对师范生职业意识、职业情感的形成和职业能力的发展与成长具有重要作用。另外，实践学校的组织管理方式、人际关系氛围及校园文化建设在卓越师范生教育信念、职业道德素养形成过程中亦发挥着不可低估的作用。

第二节　卓越师范生的培养及优化路径

一、卓越师范生培养的政府责任

（一）国家顶层设计与地方自主创新相结合

国家教育行政部门的政策制定与实施是卓越师范生培养的前提和保障。在卓越师范生标准的制定上，我国也应当考虑地区发展水平的不同，兼顾城乡差异。在卓越师范生标准制定中既要体现对卓越师范生共性的教师要求，又要体现学段和学科的个性特征。国家教育主管部门可以出台一个总的、宏观的卓越师范生标准，即卓越师范生共性的要求。然后，由各省、自治区、直辖市教育部门根据本地区的政治、经济、教育、文化的实际情况，进一步完善卓越师范生的标准，细化对各个学段和学科的教师应当达到的要求。并且，为了保证标准实施的可操作性，应当有一些具体的、柔性的、可观测的标准，标准的制定不宜太过抽象。

此外，在全面培养卓越师范生的进程当中，需要处理好国家教育主管部门与地方教育部门的关系，整合汇集各自的行政权力与专业资源，统筹规划、协同作战。在遵循国家对卓越教育部门培养的目标下，全面拓展开发地方政府与相关院校的自主创新能力，以此来形成差别化与多样性的培养成果。同时将有关培养单位在卓越师范生培养过程中探索出的有益经验进行总结、宣传，供其他培养单位学习、改进。

（二）改革招生政策，选拔优秀生源

我国在军校生、警校生的录取上都有相应的选优政策与提前录取政策，但在师范生录取这方面的政策倾斜并不明显。教育是一项关乎祖国未来国力的工程，一项亿万民心所系的事业，在从教者的选择上应当做到优中选优。因此，优秀的师范生选拔标准不应当低于国防生、警校生。

首先，在高考结束后的招生录取工作中，政府应当赋权给高校，在卓越师范生的招生录取中，由高校增加复试环节。复试环节对报考生的相关学科知识储备、语言表达能力、人际交往能力、师德修养、心理健康状况等方面进行评估。通过择优录取，在一定程度上保证录取的学生具有"乐教""适教"的基本潜质，选拔出未来有可能成为卓越教师的优秀人才。

其次，我国目前推行的公费师范生计划，虽然在一定程度上可以缓解农村地区师资不足的窘境，但是，"公费"并不等于"有志"。相反，由于公费师范生毕业后不需要参加教师招聘，可以直接进入事业编制，而且大学期间的学费由政府负担，很多对教师职业并没有从教热情的学生看中了经济利益与安排工作的政策，也纷纷报考了公费师范生。这就导致一部分本身对师范专业没有兴趣和没有从教热情的公费师范生在进入师范院校后，对师范类专业知识的学习和专业技能的训练会比较懈怠，甚至出现旷课、厌学的现象。部分在学业成绩的考核上有时比不上非公费师范生的学生。这一现象与我国出台"公费师范生"政策为农村学校培养优秀师资的初衷是背道而驰的。面对这一问题，师范院校往往无可奈何，因为根据相关政策，只要学生不及格的科目没有超过一定数量，学生就可以通过补考和重修来获得学分，师范院校是没有权力对学生进行相关处罚的。但有这样的学习成绩和学习态度的学生又怎么能成为一名卓越的教师呢？因此，政府应当赋予师范院校一定权力，由师范院校对公费师范生班级进行动态管理，对于多次在班级考核中排名靠后的学生，师范院校可以将其调离公费师范班，安排进入非公费师范班级学习，如果成绩依旧没有改观，师范院校可以向其生源所在地的教育局建议取消其毕业即可入编的资格。以此从一定程度上监督公费师范生的学习过程，激发其学习的动力，提高其学习效率。

（三）构建卓越师范生培养评估体系

当前，全国很多师范院校正在如火如荼地开展卓越师范生的培养工作，但还没有一个具体、合理的评估体系来衡量卓越师范生培养计划的实施情况。评估对把握卓越师范生培养改革的进度、汲取成功经验、分析问题与不足、有效推进改革举措、切实保障培养质量具有重要的参考作用和指导意义。评估不仅应当包括高校的师资水平程度、课程体系的建构合理程度、实践环节的指导与管理程度、校内外实训条件与场所、用人单位满意度等方面的硬性指标；还应当包括大学与中小学的合作深入程度、各学院协同教学程度、大学与中小学教师协同指导配合度、打造具有地方特色与学校特色创新项目等方面的软性指标。

二、师范院校在卓越师范生培养中的使命担当

（一）设计先行——卓越师范生培养模式设计

1. 人才培养方案设计

高校在制定卓越师范生人才培养方案时应当以方案为基点，考虑师范生的专业发展能力取向、教学实践能力取向、综合能力取向；坚持基础性原则、综合性原则、实践性原则、前瞻性原则；立足于教育事业发展需要和社会发展需要，注重卓越师范生的学科专业知识、教育理论知识、教育教学能力、心理健康、道德伦理、理想信念等方面的培养。在培养中可以采用"学院合作"制的培养模式，打破高校文理学院与教育科学学院之间的壁垒。教育科学学院安排教育学的导师对学生进行教育理论知识以及教学科研能力的指导，文理学院安排学科专业知识的导师，负责对学生进行自己所任教学科的专业知识的教导；再通过与优质学校的合作，安排具有丰富经验的教师来作为师范生的校外实践导师。特别要说明的是，卓越教师并不完全等同于全科教师。"贪多嚼不烂"的道理是众所周知的，各个学科的课程体系、课程内容，以及所适用的教法学法毋庸置疑都是有所区别的。一个本科生很难在四年时间里对所有课程的教学都能做到驾轻就熟。因此，卓越教师首先要保证对自己所任教学科的学科知识有很好的知识储备。此外，高校应当为学生配备具有丰富教学经验的一线教师，进行教学能力的指导和日常班级管理的训练。

"本—硕—博"贯通培养模式是以培养拔尖创新人才为目标，贯通本科生、硕士研究生、博士研究生培养过程，整合优质教育资源，优化人才培养体系，探索本科生教育与研究生教育有效衔接的一体化培养模式。长期以来，我国高等教育被分为本科生、硕士研究生和博士研究生三个教育阶段，经过二十多年的高等教育实践，这种阶段划分在实践中得到不同程度的弹性化处理。出现这种情况的根本原因在于，整齐划一的人才培养模式已不再适应高等教育日益多元化的发展，特别是对基础理论和系统专业知识的学习及实践有很高的连续性要求的基础学科。创新卓越师范生的"本—硕—博"贯通培养是指在应届高中毕业生中选拔出优秀学生，直接进入博士研究生阶段的培养方式。将本科生阶段、研究生阶段（硕士研究生、博士研究生）作为一个整体统筹考虑，完善和优化研究生教育，使师范生知识结构更加精深、广博，在博士研究生教育中发挥重要作用。这种新型的人才培养模式为卓越师范生的成长提供了良好的平台和机会，既符合现代社会对卓

越师范生高知识层次和科学研究高连续性的要求，又有利于学校高层次人才的培养和办学质量的提高，还有利于卓越师范生培养效率的提升。

2. 课程设计

高校在进行卓越师范生培养的课程设计时，要注意以下几点。

（1）课程设计要定位准确

课程设计的制定与革新，不仅要满足国家发展的需要、社会进步的需要、时代发展的需要、教学实际的需要，更要考虑卓越师范生自身发展的需要。卓越师范生在高校的教学活动中的身份是学生，是教学活动中的主体，所以在课程目标设置上要充分考虑卓越师范生的主体需求。在进行课程设计时，要对卓越师范生进行全面的调查分析，对新时代卓越师范生的性格特点、兴趣爱好有充分的调研。此外，要充分考虑到卓越师范生毕业后的工作是从事教育教学这一现实，在进行课程设置时，要考虑学生的身心发展需求。在充分尊重师范生认知发展规律以及实际需要的基础上，征集教育专家和大学相关领域专家教授的意见，确立具有时代特征、学科特色、卓有成效的卓越师范生培养的课程设计。

（2）课程设计要有长远意识

目前，我国的卓越师范生培养比较关注职前阶段，职前职后一体化体系还需完善。卓越师范生显然不是仅仅本科四年就能培养出来的，职后的发展更是教师成长的重要阶段。"授人以鱼不如授人以渔"，在课程安排上，高校不仅要安排教育理论、学科专业知识、教材分析、教学技能等方面的课程，更要围绕如何进行教学研究、如何解决教学问题、如何帮助自身专业发展等方面设置课程，以此来保证师范生在入职后能够长久保持寻求发展的动力与支持自身发展的能力。

（3）课程设计要能够适应基础教育改革的需求

教师教育课程设计应当充分考虑基础教育改革对教师能力与素质的要求，在课程学习中培养卓越师范生对教育改革的敏感性和适应能力。完善的课程意识是卓越师范生的鲜明特征，而课程意识产生于教师日常工作中的实践与自我反思。教师教育课程应当更加关注学生自我学习的意识，以及培养学生在教育活动中的问题意识与行动能力。应改革大学课堂的教学模式与师范生的学习方式，鼓励采用互动式教学、情景式教学、启发式教学、案例式教学以及研究性学习与反思性学习等教学方式。

（4）课程设计通过书院养成教育，探索立德树人新模式

近些年来，经常出现教师体罚学生的报道，产生了很大的舆论影响，这也一定程度上反映了教师队伍中有一部分人在师德方面存在问题。目前的教师教育课程对教师职业道德、职业信念的重视不够，在社会飞速发展、物欲横流的时代背景下，教师的理想信念不能垮塌、职业信念不能丧失。因此，高校在培养卓越师范生时，要增加教师道德、教师伦理、教师心理健康这类课程的安排力度。

课程设计要坚持师范性与学术性并重、理论与实践并举的原则。培养卓越教师在师范性方面可以成立师范生社区书院，以培养"适教、乐教、善教"的卓越师范生为目标，建立实践教育和养成教育相融合的培养模式。在学术性课程上要注重知识的广度、深度；并且师范性课程要与学术性课程相整合，使二者相辅相成；在课程的理论知识上要注重知识的先进性、有效性，并用理论知识来指导实践课程的学习，在实践中检验理论知识，在实践中反思自身不足。

3. 全程贯通，搭建"见习、研习和实习一体化"为核心的实践培养体系

在卓越师范生的培养过程中，坚持理论教学与实践育人相结合的原则，将理论知识运用到实践当中去，再用从实践过程中获取的经验启示来修正和补充已有的教育理论知识，实现师范生自身理论与实践能力的螺旋式上升。

通过见习感知实践，生成问题；通过研习探究实践，研究问题；通过实习体验实践，解决问题。教学观摩、学校体验、课程参与、主题研讨、探究反思全程贯通，搭建以"见习、研习和实习一体化"为核心的实践培养体系。

在实习前，高校相关学院要为学生夯实教育理论与教育技能基础，具体可采取如下措施。一是高校每学期都组织不少于两周的教育见习，将师范生与基础教育学校的关系长久关联起来，而不是依靠教育实习的一时之功。二是在选修课的设置上，高校可以提供有关教育实践的选修课程，由大学教师与中小学资深教师协同授课，为师范生提供长程化、全方位的职前指导。三是在微格教室进行模拟教学的相关演练。演练主要包括说课与上微型课两个方面，说课有助于师范生将教育理论知识与教学内容有机结合，加深对教材内容的熟悉程度，从而提升把握教学重点、突破教学难点的能力。上微型课有助于师范生更早地熟悉课堂状态。通过确立训练目标、教师角色扮演、编写教学设计、指导教师观摩点评、同学互评、评价反馈、改进提高、再次展示这一系列步骤，促进卓越师范生的基本教学技能不断提高。同时，在微格教室进行的说课与上微型课演练学习，都会对卓越师范生毕业参加教师资格考试的面试时，提供很大的帮助。

在实习过程中，高校相关学院要起到统筹安排、监督管理的作用，研制教育实习远程管理平台，加强教育实习过程管理。具体可采取如下策略。

高校采取学科分流的方式进行实习安排，对卓越师范生从任教学科上进行合理编排，做到每班每个学科一到两个实习生，一个指导教师带一到两个实习生。在实习开始之前，高校要与中小学做好沟通交流，保障实习相关工作的有序进行；尤其要避免出现同一学科的学生大量同时进入一所学校的现象，以免导致实习班级实习生过多、实习课时难以保障、指导教师精力不足的状况。

安排大学指导教师在固定时间进入校园，答疑解惑。高校每两周安排教育理论教师进入实习学校，开展答疑解惑的研讨会，实习指导教师、实习班级班主任、实习生与高校教师一起，针对实习生在实习过程中遇到的问题一起讨论、解决。

教育实习是一个不断实践、不断反思、不断改进的过程。高校可以在实习结束后，以班级为单位，组织撰写实习反思、开展实习反思汇报会，组织实习生上汇报课及评选优秀实习生；邀请中小学教学名师、名校长、优秀班主任等优秀教育工作者来校召开讲座，为实习生答疑解惑、传授经验。

（二）师资保障——加强卓越师范生培养的师资队伍建设

师范院校师资的学术水平与教学能力直接影响卓越师范生培养的质量，因此，高校必须切实保障卓越师范生班级授课教师的教学水平。

第一，校外引进与校内培养相结合，不断优化高校教师队伍的层次结构。一方面，邀请国内外优秀的专家学者和基础教育领域的专家来校任教，在科研启动经费和住房保障上加大投入力度；另一方面，抓紧提升学校自身教师学历层次与教学能力，鼓励教师继续深造，同时开设卓越师范生培养课程的专题培训。

第二，注重师范院校师资的实践能力培养，增加基础教育经验。卓越师范生班级的教师自身不能也不应当脱离现实情景下的教育教学实践。大学教师往往容易出现"居大学之高"的问题，因此，高校应当安排没有观摩与实践经验的卓越师范生班级的大学教师挂职一年的基础教育教学实践，常态化地进入基础教育学校听课，观察教师与学生活动。这一举措有利于帮助大学教师更好地了解基础教育教学实践，在培养卓越师范生师资的后备军时，在方式方法上能够更加切合基础教育教学实际。

第三，建立卓越师范生培养团队，以科学高效的运营形式来开展卓越师范生的培养探索与实践活动。团队管理的模式有利于卓越师范生培养的有序进行。建立责任明确、分工合理的管理模式，再加以集体培训、集体备课、定期研讨、观摩上课、中期检查、期末考评等方式，发挥集体智慧，提高卓越师范生培养质量。邀请基础教育的名师来校开展讲座、研讨交流，保证团队研究方向的实用性以及理论水平的深度，以促进师范院校师资团队教学水平的提高。

第四，树立榜样，激发师范院校师资动力。制定相应的评选和考核办法，推举上一年度在卓越师范生班级教学上表现优异的教师作为教学标兵和骨干教师，发挥榜样引领的示范作用。在职称评定和绩效考核上，对获得这些荣誉的教师做出一定倾斜，鼓励其他教师向其学习并在教学科研上取得成果，营造良好的专业发展氛围。

（三）实训基地保障——建立与中小学的合作伙伴关系

在卓越师范生的培养上，离不开大学与中小学的通力合作。中小学可以为师范生提供实习场所和校外指导教师，大学可以为中小学提供策略咨询和理论支持，并且大学教师的理论知识与中小学教师的实践经验可以形成优势互补，共同为培养卓越师范生服务。

1. 大学教师与中小学教师的合作研究

随着基础教育改革的不断深入，中小学亟须提高办学质量，依托本校具体实际问题开展教学改革与研究。科学有效的教育探索与改革必然少不了理论的支持，中小学教师往往在专业理论知识上有所欠缺，大学教师与中小学教师采取"合作模式"或者"支持模式"开展教育教学研究显得尤为重要。合作模式指的是大学教师与中小学教师共同参与基础教育教学课题的探索，一起制定研究问题，共同协作开展研究，共同决定研究所采用的方法以及研究结果的评价标准。支持模式指的是大学教师充当"智囊"与"军师"的角色，由中小学教师先提出基础教育教学研究问题与研究方案，大学教师作为策略咨询者，帮助中小学教师制定具体的研究计划与行动方案，但无论哪种模式，大学教师与中小学教师都是地位平等、相互尊重的。

2. 专业引领——突破中小学教育教学难题

大学教师可以在带领师范生见习、实习、研习阶段，与师范生组成教科研小组，在深入中小学教育教学实践的情况下，教会学生发现问题、启迪学生探索教育规律、教会学生研究方法、训练学生研究能力；在培养师范生实践能力的同时，了解中小学教师在实际教学中存在的问题和发展要求；通过观摩、提问、研讨等多种途径促进中小学教师进行教学反思，达到自身专业发展的目的。

3. 创建卓越师范生优质实训基地

这是大学与中小学合作中的重中之重，也是卓越基础教育教学培养的关键环节。师范生毕业后在中小学需要积累大量的实践经验，提高自己的教学技能，并且完成自身由学生到教师的角色转变。这些目标的达成，必须依赖学校给予的实践机会以及指导教师的悉心指导。因此，大学应当以积极主动的姿态，与中小学建立平等、尊重、互利、互惠的合作关系，打造优质的师范生实训基地，保障卓越师范生的实习质量。

三、师范生自身在卓越基础教育教学培养中的任务

（一）树立崇高育人理想

人最大的发展动力来源于内心的坚守与热爱。教育事业虽是光辉职业，但劳心劳身，并且报酬不高。如果没有对教育事业的崇高理想，在面对日复一日的重复劳动、家长误解、学生叛逆的情况下，教师很容易出现倦怠、麻木、疲劳之感。近年来，教师体罚学生的新闻屡见不鲜，这种现象的产生追根究底是这些教师理想信念的丧失，教学热情的消退，教育底线的失守。所以，在职前阶段，卓越师

范生应当正确认识教师职业的神圣性与艰巨性，这二者是矛盾而又统一的。既然选择这份职业，选择了教书育人，就应做好有可能被家长埋怨、被他人误解的心理准备。卓越师范生要将心态从职业化调整到志业化，再从志业化转变到乐业化。在高校学习阶段，卓越师范生就要端正自身的思想观念、坚定自身的教育信仰，做好担负国家与社会所委托的教育责任的准备，在学习书本知识的过程中，在见习、实习的过程中树立起崇高的育人理想，扬起追求卓越的风帆，以此来支撑自己在今后的工作中不论碰到怎样的艰难险阻，都能够不忘从教初心，如此方得教育始终。

（二）贯彻终身学习的理念

"学习如逆水行舟，不进则退。"卓越师范生的专业技能发展也是如此。俗话说："一招鲜，吃遍天。"对于从前的手艺人而言，一门手艺足以养家糊口。然而，教师这一职业与传统手艺人是有显著差别的。手艺人创造的东西是物质的，没有生命的，不变化的，而教师面对的是活生生的人，是生命力蓬勃发展的一个个鲜活的生命，他们每一天都在成长、变化。面对每天都在发展变化的学生，教师自己怎能因循守旧、墨守成规？怎能不将终身学习的理念贯彻自己整个的职业生涯当中？

由于社会的发展、时代的演变、科技的进步、学生需要的变化，教师无论是在教学理念、教学内容、教学方法上，还是在教学媒体的使用上都要做到与时俱进，并以此来保障教育的先进性、有效性。这就对卓越师范生的终身学习能力提出了很高的要求。卓越师范生毕业后在走上教师岗位那一刻，不是教师教育的终点，而仅仅是一个起点。

（三）博览群书——树立综合学科观

师者，所以传道受业解惑也。自古以来，教师职业的显著特点就体现在传授知识、启发学生思维上。这是教师的本职任务，也是学生最大的需求所在。对于新时代的卓越师范生来说，知识的储备必然不应当限于自身任教学科的一地一隅，而应当树立一个大学科观，或者说综合学科观。以语文为例，一个卓越的小学语文教师，他的课堂魅力往往不是仅仅靠语言文字的功底而出彩，更多的是通过语文学科与其他学科的互相融合与渗透而显得生动、活泼。卓越师范生在科学、历史、地理、政治、风土人情等方面都应当有所涉猎，树立综合的学科观念。这就要求卓越师范生在大学时期要博览群书，拓宽眼界，增加自身的知识储备，这样才能使自己在今后的教学中，为学生呈现更加生动有趣的课堂，讲授更加广博而深厚的知识。

（四）锤炼教学技能——夯实教学能力基础

教学是一门艺术，教师的课堂教学效果是评判其能力的重要参考依据。要想成为卓越的教师，师范生必须在大学期间打下扎实的教学技能基础。

首先，在教师基本功的训练上，卓越师范生要贯彻始终，保持对传统的"三字一话"基本功的训练，并且以高标准来严格要求自己。

其次，师范生要充分运用学校的教学资源，熟练运用现代教育技术，到学校师范生教育教学实训中心进行常态化的说课和上课训练，同学之间互相点评、讨论、提出建议，在改进的基础上再次进行演示，不断磨炼自己的教学技能，提高自己的教学水平。

最后，要抓住见习和实习的机会，这是师范生接触真实教学情境的最好机会。师范生要认真观摩实习学校指导教师的教学过程，学习教学技巧，总结知识经验；并且要努力争取真正授课的机会，在教学实战中发现自身的不足，找出问题所在，通过反思改进不断提升自己的专业技能。

第三节　组建卓越师范生培养计划班重点培养

"卓越教师培养计划 2.0"项目的实施应该立足于突破我国现有师范院校教师教育的困境，成为教师教育改革的引领者。现今，师范院校教师教育面临的困境集中体现在师范生从教志趣不高、大班教学效率低、优秀教师短缺、部分教师教育类课程性质界定不清，以及教师教育类课程结构设置不合理等问题上。在此背景下，"卓越教师培养计划 2.0"实施中应着重关注以下几个问题：首先，需要明晰卓越教师的标准，做好"卓越教师培养计划 2.0"项目中师范生的选拔，严控班级规模；其次，在培养方案设计上明确教师教育类课程的性质，构建多样化的课程体系，增强实践课程的比例；最后，在实施过程中注重发挥学校优势资源，创建最佳培养模式，同时，与中小学密切合作，搭建一体化的教师教育体系。"卓越工程师教育培养计划"的主要目标是面向工业界、面向世界、面向未来，培养造就一大批创新能力强、适应经济社会发展需要的高质量各类型工程技术人才，为建设创新型国家、实现工业化和现代化奠定坚实的人力资源优势，增强我国的核心竞争力和综合国力。这一目标落实到教育领域内就是培养卓越教师。

一、《教育部关于实施卓越教师培养计划 2.0 的意见》解读

（一）"卓越教师培养计划 2.0"项目中师范生的选拔

"卓越教师培养计划 2.0"项目往往需要学校投入优势资源，要尽量保证这些资源能够有效地运用到有成为卓越教师潜质且乐于从教的师范生身上，对于从教

志趣较低的学生不适宜纳入卓越师范生班，使"卓越教师培养计划 2.0"项目实至名归。卓越师范生班学生的选拔要在充分了解学生综合素养的前提下择优录取。可以从师范生的语言表达、人际交往、道德素养等几方面进行考察，而卓越师范生班的学生可以动态流动，对于不适合从教的师范生令其退出卓越师范生班，并及时补选适合的师范生。在班级规模上汲取师范类课程大班教学的失败教训，严禁大班教学。

（二）引进和培养卓越的高校师资

卓越师范生的培养需要既懂教育实践又精通教育理论的卓越的高校师资，这类教师总体上较为欠缺，但卓越师范生的培养离不开卓越的高校师资。师范院校一方面可以积极引进卓越的高校师资；另一方面可以努力培养有潜力的师范院校的教师或者中小学优秀教师，使之成为卓越的培养培训教师。

（三）明确教师教育类课程的性质，构建多样化的课程体系

卓越教师不仅是教学技能出色的名师，亦是充满智慧的智者，拥有宽阔、博爱心胸的仁者。卓越师范生不仅要必修教育学、心理学、教育技术学、中国教育史、外国教育史、课程与教学论等教师教育类课程，而且还要站在更高的哲学角度对人性进行更深入的解读，所以需要开设中外哲学史、逻辑学等相关课程，以加深师范生对人性的理解以及提高其内在的思维品质。这些课程的有效实施都建立在对每一门课程自身的学科性质、目标定位有明确界定的基础上。所以在实施"卓越教师培养计划 2.0"项目之前，首先需要在理论上明确界定每门课程的性质及其培养目标。

（四）增强实践课程的比例并有效落实

现有教师教育体系中存在的一个重要问题就是实践课时少，且实施效率不高，这使得师范生所学习的教师教育理论与教育实践存在较为严重的脱节现象。"卓越教师培养计划 2.0"项目的实施一定要建立在解决现有教师教育过程中所存在问题的基础上，打破现在教育理论与教育实践"两张皮"的现状，加大实践课程的实施力度，在课程设置上尽量保证学生所学的理论有实践机会，促使师范生在知识习得过程中理论与实践的融合。建议在课程设置上除了教育实习、教育见习、教育研习外，在一些课程中适度增加其实践学时，并在课程进度安排上留出课时以供教师指导下的师范生实践。

（五）发挥学校优势资源，创建最佳培养模式

现有的教师教育一般采用"3+0.5+0.5"的培养模式，有条件的高校采取"4+2"或者"4+3"的本硕连读的培养模式。卓越教师的培养模式该如何选择？是否可以

沿用现有的模式？卓越教师培养有没有特定的培养模式？这些问题时刻困扰着"卓越教师培养计划2.0"的实施主体。打造卓越教师的本质在于集中现有各高校的优势资源，向有成为卓越教师潜质且乐于从教的师范生倾斜。各高校所具有的优势资源具有较大的差异。有些高校利用与国外一些大学交流项目的契机，把"卓越教师培养计划2.0"项目中的师范生送到国外交流学习；有些高校利用承担"国培计划"的时机，把其卓越师范生班的师范生与参加国培的中小学教师进行脱产置换，把师范生送至实习学校进行磨炼，还有些高校利用周末或者假期的时间对卓越师范生班的师范生开展"叠加式"（专业课程+卓越教师培养课程）培养。应该说，没有唯一的、最好的卓越教师培养模式，只有针对各个师范院校现有条件下的最佳的卓越教师培养模式。

（六）搭建一体化的教师教育体系

卓越教师的培养并非高校一己之力可以造就，高校"卓越教师培养计划2.0"项目中的师范生仅是具备成为卓越教师潜质的准卓越教师，而并非真正意义上的卓越教师。所以卓越教师的培养不仅需要高校的努力，还需要整个教师教育系统的努力，即把卓越教师培养过程中的职前教育、入职教育、在职教育培训培养的三个阶段有机地联系起来，构建我国卓越教师培养的整体系统。高校和中小学密切联系、积极合作、克服困难，努力建构两者联合培养的一体化的"卓越教师"培养体系，为卓越教师创设良好的成长环境。"卓越教师培养计划2.0"可以说是对目前师范院校教师教育困境下的改革与创新。虽然困难重重，但诸多师范院校这一计划的实施能够很大程度上促使整个教育界尤其是师范院校更好地反思师范生培养存在的问题，探讨教师教育类课程自身的问题，搭建中小学与师范院校沟通的桥梁，能在一定程度上缓解教育理论与教育实践的脱节现象，促进教育理论与实践研究更加融合。

二、"卓越师范生班"培养的组建与建议

"卓越师范生班"的培养理念是为基础教育培养具有高尚道德情操和奉献精神，具有现代教育理念和国际教育视野，专业基础扎实，具有较强的信息处理能力与教育教学实践操作能力，具有创新意识和科研能力，具备成长为教育家潜质的全面发展拔尖创新型教育人才。理念的表述分层递进，从不同维度强调了人才培养的规格和口径。

第一，"卓越师范生班"强调成长为"人"，成为未来教育所需的人。要求师范生热爱教育事业，具有良好的思想道德修养、开拓精神和创新能力；具有现代教育理念、国际教育视野和宽厚的文化修养；具有良好的表达和沟通能力、健康的体魄、良好的心理素质和良好的审美情趣；具有自我发展的潜能及较强的终身学习能力；具有团队合作精神、组织管理能力和社会适应能力。

第二,"卓越师范生班"重视教学功底的基础性和重要性。要求师范生掌握科学的基本教育理论知识,有比较全面的学科理论基础,了解学科国际前沿动态及理论研究最新进展;具有较强的逻辑推理能力、空间想象能力,以及分析和解决实际问题的能力。

第三,"卓越师范生班"着力培养能融技术理论和技术应用于一体的教育人才。要求师范生掌握从事基础教育教学及相关工作所必需的基础知识、基础理论和基本技能,有较为扎实的教学基本功。掌握学科教学的基本规律,能根据教学规律和学生的实际情况组织和指导教学,适应各教学环节的基本要求。具有较强的学科教育理论研究和实践能力,能够胜任并指导学科教育教学改革及班主任工作。专业技能要过"五关":教师书法关(规范得体)、教师口语关(普通话达到二级甲等)、专著阅读关(不少于50部各类专著,其中教育理论著作15部以上)、演讲关(在公众场合口头表达自然流畅、体态自然大方)、写作关(掌握各种常用文体写作)。

第四,"卓越师范生班"要求培养具有一定科研能力的教师,教师即研究者。要求师范生了解现代教育理论研究现状及教育教学研究方法,有较强的科研兴趣和能力,能结合实际情况开展教育教学及其他有关课题的研究或改革实践。掌握科学研究的基本方法,掌握本学科文献检索、资料查阅的基本方法,具备初步的科学研究能力,能写出有个人见解的合乎规范的科研论文。

第五,在国际化、信息化的浪潮之下,"卓越师范生班"还要求师范生熟练掌握一门外语,能比较熟练地使用计算机,能够熟练运用现代教育技术手段和办公自动化系统。具有较强的信息收集、处理、运用能力。掌握先进的教育信息化技术,能够在各类教学中熟练运用各类多媒体技术手段,改革传统的教学方法及手段。具有一定的社会活动能力,具备初步的组织管理、人际沟通、公关礼仪等方面的知识,能担负起更大的责任。

通过"卓越师范生班"的建设,从中获取经验,归结模式将有助于完善教师教育培养体系,为教师教育培养体系的顶层设计提供实证数据和理论依据。通过理论研究和实践过程,收集数据,升华理论,不断完善师范类专业的综合改革和人才培养方案。

"卓越师范生班"立足于师范生的未来发展,在注重师范生未来职业追求和发展的同时,为基础教育输送更多拔尖创新型人才。利用现代信息技术,通过网络平台及其他方式引领师范院校教师教育的发展方向,有助于促进教师教育学科的整体发展,进一步提高教师教育研究的学术水准,为有效地提高师范生培养质量做出贡献。

参 考 文 献

陈群，戴立益，2014. 卓越教师的培养模式与实践路径[J]. 中国高等教育（20）：27-29，48.

邓显奕，2019. 从就业看卓越班师范生职业认同感的培养：以新建地方高师院校为例[J]. 教师教育论坛，32（1）：29-34.

丁星，2017. 湖北师范大学"卓越教师培养计划"的实施现状及策略研究[D]. 黄石：湖北师范大学.

范冬清，左兵，2016. 重塑未来精英：地方师范院校卓越师范生培养探析[J]. 高等理科教育（5）：26-30，51.

高双军，2016. 以培养卓越化学教师为目标的职前教师教育课程设置研究[D]. 西安：陕西师范大学.

顾明远，2001. 论教师教育的开放性[J]. 高等师范教育研究（4）：3.

侯学萍，刘锦，2016. 卓越教师培养视域下卓越师范生培养策略与思考[J]. 中国成人教育（6）：144-146.

胡红兵，詹玉兰，2015. 卓越教师计划背景下地理师范生教学技能训练模式研究[J]. 教育教学论坛（26）：184-185.

蒋芬，王伟，2019. 地方师范院校英语专业卓越师范生教育教学研究能力的培养研究探索[J]. 高教学刊（9）：19-21.

蒋蓉，李金国，2017. "卓越小学教师"培养目标、模式与课程设置[J]. 课程·教材·教法，37（4）：113-118.

李梦卿，安培，2015. 卓越中职教师培养的基本认知、价值追求与实施路径[J]. 教育发展研究，35（17）：34-39，73.

李墨，2016. 以卓越教师培养为导向的美国职前教师教育项目研究[D]. 成都：四川师范大学.

李雪玲，2019. 卓越教师培养背景下高师小学教育专业教师教育课程改革研究[D]. 南充：西华师范大学.

李中国，辛丽春，赵家春，2013. G-U-S教师教育协同创新模式实践探索：以山东省教师教育改革为例[J]. 教育研究（12）：44-48.

刘益春，李广，高夯，2017. "U-G-S"教师教育模式实践探索：以"教师教育创新东北实验区"建设为例[J]. 教育研究（8）：7-12.

刘玉红，秦东方，2016. "卓越教师"视域下学前师范生培养的探索与实践[J]. 黑河学院学报，7（2）：84-87.

龙宝新，2017. 论卓越教师职前成长微环境的构成及其优化[J]. 教育学术月刊（8）：70-79.

吕静品，2019. 卓越教师教学基本功职前培养的策略探讨：基于江苏省师范生教学基本功大赛结果的分析[J]. 黑河学刊（3）：125-127.

马亚男，2015. 安徽省高校卓越体育教师培养现状与对策研究[D]. 淮北：淮北师范大学.

庞昊，2019. 卓越小学教师核心素养体系构建及职前培养对策研究[D]. 大连：大连大学.

邵艳红，张孔义，2017. 卓越师范生适教性的诊断措施研究[J]. 教师教育研究，29（1）：72-78.

石洛祥，赵彬，王文博，2015. 基于卓越教师培养的教育实习模式构建与实践[J]. 中国大学教学（5）：77-81.

孙玉红，2019. 学科教育课程案例教学模式研究[D]. 长春：东北师范大学.

谈心，吴妮妮，2016. 卓越班师范生与普通师范生教师职业认同感比较研究：以A大学为例[J]. 当代教师教育，9（3）：75-81.

童宏亮，全宏艳，张树丽，2019. 学前教育专业师范生职业技能训练的困境与突围：基于卓越幼儿园教师培养的视角[J]. 教师教育学报，6（6）：47-54.

汪洋，2018. "卓越教师"视域下的高师美术学（教师教育）本科专业课程体系与教学实践研究[D]. 上海：华东师范大学.

王家骏，2018. 卓越小学教师的培养路径研究[D]. 徐州：江苏师范大学.

王晶艳，2018．中学物理卓越教师内涵特征及培养途径[D]．西安：陕西师范大学．

杨登伟，2015．"卓越教师"职前培养阶段课程设置研究[D]．重庆：西南大学．

杨静，2017．卓越教师职前培养的价值取向研究[D]．成都：四川师范大学．

杨杨，李新，雷秀文，2016．英国卓越教师计划及对我国公费师范生培养的启示[J]．渭南师范学院学报，31（14）：
　　23-28．

张桂，2015．卓越教师培养的目标取向与价值内涵[J]．教师教育学报（3）：19-26．

张虹，2016．全科小学教师培养的地方经验及其反思[J]．教育发展研究，36（10）：46-52，68．

张家雯，2016．美国中小学卓越教师职前培养质量评价研究[D]．杭州：杭州师范大学．

张抗抗，杜爱慧，胡扬洋，2016．"卓越教师"培养背景下师范生物理教学能力发展的调查研究：以中部地区某省
　　属师范大学为例[J]．首都师范大学学报（自然科学版），37（3）：22-28．

张琪，2017．卓越小学教师成长案例研究[D]．杭州：杭州师范大学．

张天雪，2016．如何让"差生"走向"卓越"："三位一体"小教师范生养成的个案研究[J]．教师教育研究，28（6）：
　　44-49．

张馨予，2019．基于 CIPP 模式的卓越教师培养评价指标体系建构[D]．金华：浙江师范大学．

赵姝，白浩，张瑞敏，2017．基于大数据的卓越教师培养路径探析[J]．电化教育研究，38（1）：47-53．

赵晓光，马云鹏，2015．卓越教师培养背景下的师范生学科教学知识发展[J]．黑龙江高教研究（2）：91-93．

周大众，2019．乡村定向师范生卓越潜质提升：内涵、价值与路径[J]．当代教育论坛（5）：40-46．

周效章，2020．卓越教师培养视角的师范生信息化教学能力课程重构[J]．黑龙江高教研究，38（1）：147-151．